潮商

潮汕人想的和你不一样

乐晓瑞◎著

时事出版社
·北京·

图书在版编目（CIP）数据

潮商：潮汕人想的和你不一样 / 乐晓瑞著 .—北京：时事出版社，2016. 9（2026. 6 重印）

ISBN 978-7-5195-0029-0

Ⅰ . ①潮⋯ Ⅱ . ①乐⋯ Ⅲ . ①商业经营－经验－潮州 Ⅳ . ① F715

中国版本图书馆 CIP 数据核字（2016）第 199176 号

出 版 发 行：时事出版社
地　　　址：北京市海淀区彰化路 138 号西荣阁 B 座 G2 层
邮　　　编：100097
发 行 热 线：（010）88869831　88869832
传　　　真：（010）88869875
电 子 邮 箱：shishichubanshe@sina.com
印　　　刷：河北省三河市天润建兴印务有限公司

开本：670 × 960　1/16　印张：15　字数：272 千字
2016 年 9 月第 1 版　2026 年 6 月第 2 次印刷
定价：58.00 元
（如有印装质量问题，请与本社发行部联系调换）

前言

潮汕，这片三面环山、一面向海的土地，孕育了中国极具辨识度的商业群体之一——潮商。他们从红头船时代走来，穿越数百年风雨，至今仍在全球商业舞台上熠熠生辉。人们惊叹于他们的财富传奇，却往往忽略了传奇背后的文化密码：潮汕人想的，究竟和别人有什么不一样？

答案深藏在潮汕独特的文化生态之中。祠堂里代代相传的族规家训，将“信用”二字刻入血脉，让一句“家己人”成为跨越国界的信任凭证；工夫茶台上三杯轮转的仪式，教会他们公平、专注与审时度势的智慧；妈祖、关公前的袅袅香烟，将商业伦理升华为一种神圣的敬畏。在潮汕，经商从来不是末业，而是值得尊崇的本事；赚钱并非终极目的，光宗耀祖、回馈桑梓才是更大的荣耀。正是这种“商文合一”的文化传统，塑造了潮商独特的精神气质——

既有向海而生的冒险胆魄，又有宗族社会的信义坚守；既精于毫厘之间的利益计算，又深谙“财德相配”的朴素哲理。

这种商业精神，在今天尤显珍贵。当全球化浪潮汹涌而商业信任日益稀缺，潮商以宗亲乡谊为纽带的信用网络，提供了一种超越制度契约的合作范式；当急功近利成为商业常态，潮商“刻苦做家”的深耕精神与“富过三代”的长远眼光，提醒我们慢下来、沉下去的力量。潮商的故事告诉我们：最持久的竞争力，往往不在财务报表里，而在文化传承中；最坚固的商业壁垒，不是技术或资本，而是融入血脉的价值观。

本书试图走进潮汕人的精神世界，去探寻那些看似平常却暗藏乾坤的文化基因，揭示“潮汕人想的和你不一样”究竟不一样在哪里。这不仅是对一个商业群体的解读，更是对一种正在被重新发现的商业文明的致敬——它根植于传统，却指向未来；它属于潮汕，也属于世界。

目录

第一章
不一样的潮汕文化
孕育出不一样的潮商

第二章
潮汕人有
和你不一样的眼界

第四章
潮汕人有
和你不一样的金钱观

第五章
潮汕人有
和你不一样的人脉观

第六章

潮汕人有
和你不一样的创意

第七章

潮汕人有
和你不一样的谋略

第八章

潮汕人有
和你不一样的个性

第一章

不一样的潮汕文化孕育出不一样的潮商

1.
祠堂里的商学院：宗族制度如何塑造商业理性

1870 年，十六岁的陈慈黉在汕头港登上红头船，船票是同宗叔父所赠，目的地是叔父在曼谷的杂货店。五十年后，他成为东南亚最大的米业巨商，其家族企业“陈黉利行”横跨航运、火砻、金融各业。陈慈黉的成功，并非个人奋斗的孤例，而是一套精密的社会机制运作的结果。这套机制，就是潮汕的祠堂宗族制度。

祠堂，是潮汕人最早的商学院。在这座庄严肃穆的建筑里，一个潮汕少年接受的不仅是祭拜祖宗的礼仪，更是一整套关于信用的教育。每年春秋二祭，族人齐聚祠堂，由族老宣读族规，讲述先祖筚路蓝缕的创业故事。这些故事从不回避经商之事——恰恰相反，善于经营的先祖往往被奉为楷模，他们在异乡白手起家的经历，被编织成口耳相传的商道教材。祠堂的墙壁上，镌刻着族人在南洋发家后捐资修祠的数额，那是一份无言的激励：你的商业成就，将在这里被世代铭记。

更精妙的是祠堂作为信用体系核心的运作机制。传统中国社会缺乏现代法律保障，远距离商业交易依赖个人信誉。而祠堂，为这种信誉提供了最可靠的背书。一个潮汕商人若在生意中失信于人，后果不仅是失去一个客户——消息会通过宗亲网络传回故乡，他的父母将在祠堂议事时抬不起头，他的妻儿会受族中冷遇，他甚至可能被族谱除名，这在传统社会意味着终极的社会性死亡。相反，诚信经营、乐善好施的商人，祠堂会为其树碑立传，族长会号召族中子弟以他为榜样。这种奖惩分明的机制，在漫长的岁月中内化为潮汕人的集体潜意识：可以输掉金钱，不能输掉信用。

这套祠堂信用体系向外延伸，便构成了遍布全球的潮商网络。十九世纪末至二十世纪上半叶，大量潮汕青年“过番”下南洋。他们大多身无长物，唯有一封族亲的推荐信。在曼谷、新加坡、西贡、金边的潮州会馆里，新来者凭借乡音和族亲关系获得食宿，然后被安排到同乡的商号里从学徒做起。三五年后，积累了经验和积蓄的学徒自立门户，又以同样的方式提携后来者。这种模式被社会学家称为“连锁式移民与产业扩张”，它的根基正是祠堂所培育的血缘地缘认同。直到今天，曼谷的华人金融巨头仍多为潮裔，香港的南北行和药材行曾长期由潮商主导，这些产业集群的形成，都可以追溯到祠堂网络跨越国界的资源配置能力。

祠堂还催生了独特的资本组织方式——“合会”与“标会”。在正式的银行体系覆盖不足的年代，潮汕人依靠宗亲邻里间的标会筹集资金。一个标会由若干成员组成，每人定期缴纳一定份额，然后通过竞标决定当期的资金使用权人。这种看似朴素的组织形式，背后运行着一套复杂的人际信用评估机制——谁能加入标会、能组成多大规模的标会，完全取决于发起人的祠堂信用背书。无数潮汕家庭的第一笔生意本钱，就来自母亲或妻子在标会上筹得的资金。改革开放初期，潮汕地区民营经济率先勃兴，在很大程度上得益于这种民间金融传统在中断数十年后的迅速恢复。

当然，祠堂文化并非只有光环。血缘地缘的紧密纽带有时也会形成封闭的圈子，排斥外来竞争，甚至演变为地方保护主义。但公允地说，对于漂泊异乡、在陌生环境中寻求立足的潮汕先民而言，祠堂提供的身份认同、信用背书和互助网络，是他们最宝贵的无形资产。正是在祠堂香火的熏陶下，一代代潮汕商人学会了一笔生意最大的抵押品，不是房产地契，而是宗族赋予的人格与信义。

2.
茶杯里的生意经：工夫茶道的商业哲学

潮汕人谈生意，多半不是在会议室，而是在茶台边。

一张方几，一套白瓷小杯，一把朱泥小壶，主人凝神冲瀹，客人正襟危坐，三巡过后，方才切入正题。这套看似繁缛的仪式，被外地人戏称为“茶水政治”，而潮汕人自己则称其为“工夫茶”。这两个字大有深意——“工夫”二字，既指泡茶的技艺需要功夫，更暗含做事需要工夫，做人需要工夫，做生意更需要工夫。

工夫茶的每一个细节，都暗合着潮汕商业思维的底层逻辑。茶具的选用首先便见端倪。传统的潮汕工夫茶偏爱宜兴朱泥壶，这种壶小如拳，胎薄如纸，保温性好，最宜激发乌龙茶的香气。但朱泥壶有个特性——极易吸附茶味，且一旦吸附，难以去除。因此，讲究的茶人往往一壶只侍一茶，绝不混用。这是一种专注的智慧：做好一件事，做精一个行当，不贪多求全。纵观成功的潮商，大多有着相似的路径——陈弼臣专注于盘谷银行，谢国民专注于农牧食品，李嘉诚早年以塑胶花起家，都是在一个领域深耕多年后再图扩张。朱泥壶的专一，正是潮商专业主义的隐喻。

泡茶的水温亦有讲究。工夫茶讲究“蟹目水”，即水烧至出现螃蟹眼般大小的气泡为佳，温度约在 90 至 95 摄氏度之间。水温太高，茶叶烫熟，茶汤泛苦；水温太低，茶叶泡不开，香气出不来。这套对温度的精微把握，在商业上对应着一种审时度势、把握火候的能力。潮汕商人以善于捕捉时机著称，改革开放之初率先进入特区投资，九十年代及时从制造业转向服务业，新世纪又大举布局新兴产业，每一步都踩在时代的节点上。这种节奏感的背后，是一种对“水温”的敏感——太早则时机未到，太迟则红利已失。正如老茶客凭蒸气判断水温，老道的潮商凭直觉嗅到商机。

而工夫茶最核心的精神，凝聚在“关公巡城、韩信点兵”这两句口诀之中。这是形容斟茶时的手法：茶壶沿各杯来回巡注，谓之“关公巡城”，以保证每杯茶汤浓度均匀；最后几滴浓汁逐杯点斟，谓之“韩信点兵”，确保所有茶汤分配殆尽。这个仪式蕴含着深刻的人际关系智慧——公平、均沾、不厚此薄彼。潮汕人做生意，讲究“财路一起走”，有生意大家做，有钱大家赚。许多潮商在合作中采取“合股经营、轮流管理”的方式，便是这种公平理念的制度化。而“韩信点兵”的精打细算，则体现出潮汕人珍惜资源、不浪费点滴的商业本能。这种对细节的苛求，让潮商在成本控制和品质管理上往往高人一筹。

工夫茶的品饮过程，同时是一个观察和筛选商业伙伴的绝佳场景。一泡茶从冲瀹到品饮，大约需要十至十五分钟。在这段时间里，茶客的修养、性情、定力一览无余。急躁之人会催促，粗鲁之人会大声喧哗，贪婪之人会独占好茶，不拘小节之人会把茶渍洒在台面。而一个懂得耐心等待水沸、静心品味茶香、主动为邻座斟茶的人，大概率在生意场上也值得信赖。潮汕有句老话：“茶品如人品”，说的正是这个道理。许多资深的潮商谈判高手，功夫不在话术，而在茶台边的默默观察——对方如何处理一只小小的茶杯，往往比千言万语更见真章。

工夫茶还塑造了一种独特的潮汕时间观。在效率至上的当代商业环境中，花半小时甚至一小时喝一泡茶，看似低效，实则酝酿着更高效的成果。那一盏茶的时间，是拉近心理距离的缓冲带，是试探对方底线的安全区，也是酝酿灵感的静默期。许多僵持不下的谈判，在一次“来，食茶”的邀请中软化；许多石破天惊的创意，在茶气氤氲间灵光一现。工夫茶不是消磨时间，而是一种给思考留白、给关系升温的生产性仪式。

理解了工夫茶，你就能理解为什么潮汕人的办公室、店铺、甚至是工地，一定会有一方茶台。那不是附庸风雅的摆设，而是商业运行的中枢。茶台上的每一次冲瀹与品饮，都是一场微型商业文明的演练。

3.
传统文化纽带：民间信仰中的商业伦理

在潮汕乡村，每逢正月和农历十月，有一种被称为“营老爷”的盛大游神活动。村民们抬着本村供奉的塑像巡游全境，沿途设香案迎拜，锣鼓喧天，鞭炮齐鸣。如果你以为这仅仅是一场热闹的民俗狂欢，那就错过了它深刻的商业意涵——许多乡村的“营老爷”活动，同时是一场庄重的年度商业契约续签仪式。

传统文化，是传统潮汕社会至高无上的信用担保者。在缺乏现代法律制度和商业契约精神的年代，潮汕先民如何确保口头承诺的效力？答案是：立誓。潮汕地区庙宇林立，村民但凡有重大承诺或约定，往往相约焚香歃血，盟誓。“若是违背，神明共鉴”这一句话，在潮汕人心中有着千钧之重。对于笃信传统文化的潮汕人而言，立下的誓言是不可违背的，违约的代价不是一纸诉状，而是良心的审判和天道的惩罚。这套信仰体系，在几百年的商业活动中被反复激活，逐渐形成了一套严密的民间商业伦理。

这其中，最有代表性的文化载体是关公。关公崇拜在潮汕极为兴盛，几乎每一间潮商店铺的神龛里，都供奉着关公的神像。潮汕人敬关公，不是敬他勇武，而是敬他忠义。在潮汕商人的解读里，关公一生最重要的两段经历——千里走单骑护送义嫂、华容道义释曹操——都是对“义”字的诠释。前者是对主公的忠，后者是对故人的义。忠义二字，恰恰是潮汕商业伦理的核心：对合作伙伴要忠，对老交情要义。这种伦理延伸到商业实践中，就是注重人情、讲求长期合作、不因一时小利损害关系。“忠义”甚至化为潮汕老一辈生意人的口头禅："我是拜关公的，不能做那种事。"这句话常被用来婉拒灰色交易，是一种绝不失礼且极具效力的道德声明。

而妈祖崇拜，则从另一个维度支撑着潮商的精神世界。妈祖是海上保护神，潮汕人下南洋必先到妈祖庙祈福，平安抵达后第一件事也是到当地的妈祖庙还愿。在侨批时代，远隔重洋的潮汕丈夫与留在家乡的妻儿，依靠往来书信维系感情与经济联系。每一封侨批，都代表着对家庭的承诺。如果某个"番客"中断了侨批，他在乡间的家人就会去妈祖庙哭诉，而他在南洋的乡亲也会在妈祖庙前指责他。妈祖，成为了这种跨国界家庭经济契约的无形监督者。妈祖信仰所倡导的慈悲仁爱，也培养了潮汕商人回馈乡里、乐善好施的传统。他们相信，商人的财富是神明暂时托付的，必须拿出一部分来修桥铺路、赈灾助学，才能得到神明持续的眷顾。

潮汕民间传统文化的商业化表达，还体现在一种独特的仪式——"做牙"上。每逢农历初二和十六，潮汕商家都要准备丰盛的祭品犒劳土地神和财神，称为"做牙"。二月初二为"头牙"，十二月十六为"尾牙"，最为隆重。在这一天，老板宴请全体员工，发放红利奖金，宣布来年的人事安排。这顿饭，既是感恩神明保佑，也是凝聚团队人心的管理学实践。被老板亲自敬酒的员工，说明来年将继续受到重用；而那只被特意转向某个员工的鸡头，则是一种委婉的辞退暗示。“做牙”将传统文化、老板和员工三方纳入同一个仪式场域，以神圣性强化了雇佣关系的道德约束，是潮汕民间信仰服务商业经营的一个生动例证。

今天，潮汕的年轻创业者或许不再像父辈那样频繁出入庙宇，但传统文化所塑造的道德底线意识，依然以一种文化基因的方式传承。在潮汕人聚集的生意场合，你仍然能感受到一种不言自明的道德氛围——契约当然重要，但契约之上，还有人格；利润当然要追求，但利润之外，还有信誉。这种商业文明的底色，正是数百年来在袅袅香烟中被反复铭刻和强化的。

4.
游子的密码：潮汕方言的商业价值

如果要在全球找到一种最适合建立封闭商业网络的方言，潮汕话会是强有力的候选。这门古老的语言保留了大量古汉语的发音和词汇，据说用潮汕话朗读唐宋诗词，比普通话更接近当时的韵律。但对于潮商而言，潮汕话的价值不在于学术，而在于它天然是一套加密的通信系统。

十九世纪的曼谷码头，潮汕米商们在众目睽睽之下用潮汕话讨价还价、传递信息，旁边的泰国官员和外国商人即便精通暹罗语和英语，也只能干瞪眼。这种语言壁垒为潮商提供了宝贵的信息优势——他们可以公开讨论商业机密而不担心泄露。这种优势一直延续到现代。在深圳华强北的电子市场，潮汕商人至今仍习惯用家乡话交流，成为这处全球最大电子产品集散地的一道独特风景。一个外人若想真正深入华强北的核心商圈，学好普通话和英语远远不够，他必须过潮汕话这一关。

潮汕方言的商业功能，远不止于加密通信。更关键的是，它是一种迅捷的身份识别系统和信任加速器。在世界任何一个角落，两个素未谋面的潮汕人，只要开口说几句家乡话，心理距离立刻消弭大半。“家己人”（自己人）是潮汕人彼此最亲切的称呼，这个简单的词汇瞬间划出了一道信任的边界：圈内是家己人，可以信赖、可以赊账、可以托付；圈外则需按商业规则慢慢建立信任。这种基于乡音的身份识别，在经济学家看来，是一种极为高效的交易成本节省机制。它将陌生人之间的信任建立过程从数月甚至数年缩短到几秒钟，极大地加速了信息流动和资源整合。

潮汕话本身的内核，还携带了大量商业思维。例如，“相辅”意为互相帮助、共同发展，是潮汕人商业合作中常用的词。潮汕人常说“生意相辅做”，这种理念培育了独特的商业生态——潮商之间更倾向于合作而非恶性竞争，他们相信市场的蛋糕可以一起做大。“刻苦”在潮汕话中不仅是勤奋的意思，更有一种忍耐艰辛、坚持不懈的精神韧劲，这与潮汕人从小被教育要“刻苦做家”密切相关。还有“行情”一词，潮汕商人频繁使用，它不只指市场价格，更指整个商业态势，说一个人“识行情”，意味着他了解市场全局、把握商业脉搏，这几乎是潮汕人对一个商人的最高赞誉。

谚语和歇后语则是潮汕商业智慧的浓缩包。如“三分天注定，七分靠打拼”直接道出潮汕人不安天命、主动进取的精神；“田面易作，场面难当”强调维护个人信誉与场面的重要性，教导子弟在任何社交场合都要守住体面和信用；“铜钱出苦坑”点明财富源于艰辛劳动，每一个铜板都沾着汗水；“茶三酒四踢跎二”强调不同场合需要不同人数的搭档，喝茶以三人为佳、饮酒以四人为宜、游玩两人最合适，这是对社交分寸的精细把握。这些在茶余饭后代代相传的俗谚，构成了潮汕人最朴素的商业教科书。

侨批——一种兼具家书与汇款功能的特殊载体——更见证了潮汕话的情感经济学。一封典型的侨批，往往以谦卑的问候开头，详述自己在外的辛劳与生意状况，汇上若干银元，再细细询问家中父母康健、妻儿近况，字里行间充满叮嘱和愧疚。这种独特的文本形式，不仅维系着跨国家庭的经济命脉，更传递着潮商对家庭的责任伦理。值得注意的是，侨批中的汇款往往精确到“毫”，而家中回信则详细列出每一笔开销的去向，这种双向透明的财务管理方式，背后是一种高度发达的家庭经济伦理。侨批系统能够运行上百年而不崩坏，靠的是潮汕人对家庭信誉的极致守护。这种在家庭层面建立起的财务信用习惯，直接迁移到了他们的商业活动中。

如今，随着全球化和普通话的推广，年轻一代潮汕人的方言能力有所减弱。但潮汕话作为一种商业文化符号，仍然具有强大的凝聚力。国际潮团联谊年会每两年举办一次，来自世界各地的潮商代表齐聚一堂，大会的通用语言仍然是潮汕话。当千余名商业精英在会场齐声用家乡话寒暄问候时，你就知道，这门古老方言作为商业纽带的力量，从未衰减。它是游子返乡的暗号，是生人交易的快车道，也是潮商群体在世界变动中保持凝聚力的一道语音长城。

5. 红头船宣言：潮汕人的风险文化

清代雍正年间，朝廷为了管理东南沿海的航运秩序，下令各地商船在船头涂以不同颜色作为标识：广东船涂红色，福建船涂绿色，浙江船涂白色，江苏船涂黑色。从此，

"红头船"成为广东潮汕商船的代称，也成为了一个时代的商业图腾。

登上红头船的人，并非都是自愿的。潮汕有民谣唱道："无可奈何炊甜粿，提个包裹过暹罗。"甜粿是耐保存的年糕，是远洋航行的干粮；"炊甜粿"意味着做好了最坏的打算。很多人登船时衣不蔽体，他们的船票是赊来的，未来三五年的劳力已经预先抵押给了蛇头和雇主——这几乎是一种自愿的契约工制度。但正是这些一无所有的穷人，在异国他乡创造了惊人的商业传奇。支撑他们的，是一种被后来的学者称为"风险偏好"的文化心理。

风险，在潮汕文化的语境里，从来不是需要回避的负面事物，而是机遇的同义词。"敢死有官做"这句看似粗粝的俗语，反映了潮汕人对风险收益关系的朴素理解：最大的风险不是冒险本身，而是不敢冒险从而错失的机遇。这种心理形成于潮汕特定的生存环境——地少人多，自然资源匮乏，固守土地只能是贫瘠一生；出海虽然有风浪之险、异乡之苦，但存在着改变命运的可能。在这样的生存结构里，冒险成为一种理性的选择。

潮汕的风险文化有三个显著特征。第一个特征是对失败的宽容。"生意各人做，落薄无人笑"，这句话的意思是经商成败各凭本事，即使失败了落魄了，也不会被人嘲笑。在这种文化氛围里，失败的创业者不会承受沉重的耻辱压力，他们完全可以回家乡休整一段时间，然后找宗亲筹措本钱再次出发。这种对失败的宽容，实际上是一种社会化的创业保险机制——它鼓励人放手一搏，因为即使输了，还有退路。许多功成名就的潮商都有“三起三落”的经历，每一次失败都能获得重来的机会，这在耻感文化强烈的其他地区是很难想象的。

第二个特征是某种朴素的止损智慧。潮汕人冒险，但不蛮干。红头船时代，船主们发明了复杂的“分舱制”——一条船的货物分属多个股东，每一舱甚至某一舱的一部分都有不同的投资者。一条船沉了，每个人的损失都是有限的。这种风险分散机制后来演化为潮商普遍采用的“合股”经营模式。在潮商的理念里，一个好汉三个帮，一个好生意也要多人合伙。即使是再有钱的潮商，也很少一个人全资投入一个大项目，他们总是寻找合作伙伴共同承担风险。这种看似保守的策略，其实是一种高超的生存智慧：它允许潮商在承受大风险的时候，将任何单次失败的控制在可承受的范围内。

第三个特征是“风险决策的日常训练”。潮汕人从小就在工夫茶桌上旁听长辈们讨论生意，听他们如何分析行情、评估风险、做出判断。这无异于从小接受商业案例教学。更值得注意的是潮汕人的赌博传统——虽然赌博本身是害人恶习，但从文化心理角度看，潮汕人对“概率”有着超越其他群体的敏感。潮汕的天九牌、麻将、鱼虾蟹等博戏历史悠久，而这些游戏中包含的胜率计算、对手心理揣摩、及时止损等技能，与商业决策有着思维上的相通性。许多老一辈潮商在回忆早年经历时，都会提到在牌桌上学会的察言观色和风险判断。这种在玩乐中培养出来的风险敏感度，在日后正经的商业决策中发挥了意想不到的作用。

进入现代商业社会，潮汕人的风险文化又有了新的表现。在深圳特区的早期建设中，潮汕人是第一批进入的民间资本力量；在外资企业对大陆市场还犹豫不决的时候，许多潮汕商人已经拿着全部积蓄在特区买下第一块地皮；当电子商务刚刚在中国萌芽时，大批潮汕年轻人涌入淘宝开店。这种对新事物的敏感和迅速行动，是红头船冒险精神在新时代的延续。

潮汕的孩子从小听长辈讲红头船的故事，他们知道自己的曾祖父或曾叔父如何挤在闷热的船舱里漂泊数月抵达完全陌生的土地，身无分文却最终站稳脚跟。这些故事传递的不只是乡愁，更是一种冒险者的宣言：财富属于愿意出海的人。这种融入血脉的风险意识，或许才是潮商在世界各地生生不息最深层的文化动因。

6.
天下潮商是一家：宗亲网络的全球编织

1995 年，第八届国际潮团联谊年会在香港会展中心开幕，来自全球四十多个国家和地区的两千多名潮商代表汇聚一堂。会场外，一面面写着不同国家和地区的旗帜并排悬挂；会场内，两千多人用潮汕话寒暄叙旧，场面之亲切，很难让人相信他们中的许多人从未谋面。国际潮团联谊年会的存在，揭示了一个惊人的事实：潮汕人编织了一张覆盖全球的宗亲商业网络，这张网络运转了一百多年，至今仍在高效运作。

这张网络的节点，是全世界的潮州会馆。曼谷的潮州会馆成立于 1938 年，是全球规模最大的潮人社团之一；新加坡潮州八邑会馆的历史可以追溯到 1929 年；香港潮州商会成立于 1921 年；巴黎的法国潮州会馆则见证着潮商在欧洲的扩张。每一个会馆都是一座微型城堡，为所在地的潮汕人提供从住宿就业到法律咨询的全套服务。更为关键的是，各会馆之间保持着密切的横向联系——曼谷的会馆会长到访中国香港，香港的同乡会一定设宴接风；新加坡有潮人办喜事，雅加达的同乡也会专程贺喜。这种跨地域的频繁互动，使得分散在全球各地的潮汕社群始终保有一种整体感。

这张网络的核心运作机制，可以概括为“信息互通、资金互助、商业互荐”。“信息互通”最典型的例子是行业情报的共享。在曼谷的大米贸易中占据主导地位的潮商，会向香港的同乡通报当年东南亚稻米收成情况和价格走势；香港的南北行潮商，则会向东南亚的乡亲提供大陆市场的需求信息。这种信息交换基于乡谊而非合同，却有着惊人的准确性——因为传递虚假信息的人将破坏整个宗亲网络中的信誉。“资金互助”则表现为跨地域的信用借贷。一个在新加坡创业的潮汕年轻人，可以凭借一封曼谷宗亲的担保信获得当地同乡的启动资金。这种无抵押信用贷款之所以能够运行，在于担保人制度将信用风险锁定在可追溯的宗亲关系链条上，欠款不还的后果是整个家族在圈内声名狼藉。“商业互荐”则构成最直接的生意来源——香港的潮商要采购泰国大米，他不会去市场寻找陌生供应商，而是致电曼谷会馆的理事，理事则推荐几家信得过的同乡米行。这种推荐本身就自带背书，被推荐者为了维护推荐人的面子，也会竭尽全力保证货品质量和价格公道。

“以老带新、以强扶弱”的传统，则是这张网络世代传承的动力。初到异国的潮汕年轻人，通常在族亲的商号里从学徒做起，学习经商之道，同时也学习当地语言和法律。这种带有家长期待色彩的雇佣关系，远非现代意义上的劳资关系可比。雇主不仅要教授商业技能，还有责任在学徒满师后资助其自立门户。这一传统，使得潮商群体实现了持续不断的“裂变式创业”——一个成功的潮商，在其商业生涯中会带出数十个乃至上百个能够独立经营的徒弟，而这些徒弟又会带出更多的徒弟。曼谷的陈慈黉家族、正大集团的谢国民家族，都是这种传承谱系上的重要节点。

一个在潮商圈内流传甚广的故事，精准体现了这种网络的力量。二十世纪八十年代，一位在巴黎经营中餐馆的潮汕老板，希望将业务扩展到进出口贸易，但他既无经验也无渠道。在一次同乡聚会上，他结识了一位来自香港的潮商，三巡工夫茶之后，对方主动提出与他合作：由香港方面提供内地货源，巴黎方面负责欧洲市场开拓。没有任何抵押，没有复杂的法律合同，一纸以“家己人”为开头的协议书便敲定了合作。如今，这家公司已成为欧洲最大的亚洲食品进口商之一。这个故事在全球潮商网络中无数次重演，只是主角、地点、行业不同。

必须指出的是，这种基于宗亲的商业网络并非潮汕独有，福建的闽商、浙江的温商都有类似的运作模式。潮商网络的特殊之处在于其全球化程度之高、组织化程度之强、延续时间之长。这一方面得益于潮汕人“下南洋”的时间早、规模大，在东南亚形成了资本和人口的先发优势；另一方面则归功于潮汕宗族文化的特殊性——强烈的“家己人”意识和系统的祠堂教育，使得潮汕人对族群身份的认同远超一般地缘群体。

全球化时代的到来，并未削弱这张网络的价值，反而赋予了它新的功能。今天，国际潮团联谊年会不仅是乡谊聚会，更是全球潮商进行资本对接、项目洽谈的高端平台。每年的年会上，来自不同国家的潮商互相推介投资机会、组建跨国财团、敲定战略合作。一位曾参加年会的经济学者感叹："这简直是一个没有总部大楼的跨国公司，它的资产总额、业务范围和动员能力，完全可以排进全球企业五百强。"而维系这家庞大"公司"的，不是股权和制度，而是一句"家己人"。这正是潮商网络最令人惊叹也最难以复制的文化密码。

7.
商文合一：潮汕文化中的商业基因与文化坚守

我们花了七个章节的篇幅，讨论了宗族祠堂、工夫茶、传统文化、方言、风险传统、全球网络和女性经济——所有这些支流，最终都汇聚到同一个主题：潮汕文化内含着一种强大的商业基因。这并非事后的附会解读，而是一个历经数百年验证的事实。问题的关键在于，这种商业基因如何在文化的土壤中生长，又如何在文化的更新中延续其活力。

理解潮汕文化中的商业品格，需要回到一个根本性的概念——在潮汕的价值体系中，商与文从来不是对立项。中国传统社会的“士农工商”等级观，将商人排在四民之末；许多地方的文化精英耻于言利，视经商为末业。但在潮汕，这种观念从未占据主流。潮汕流传着一句话叫“小小生理会赚钱，大大生理无了时”，大意是小小生意就能养家，若是做得好则前途无量。在潮汕的民间评价体系里，一个人善于经商是一种值得赞赏的才能，而非需要遮掩的不体面。相反，一个不能养家糊口的人，哪怕满腹经纶，也难免被乡邻叹息“书读输去”（书白读了）。这种务实的价值取向，使得商业人才在潮汕社会获得了充分的文化尊重和发展空间。

更难能可贵的是，潮汕人在崇尚商业的同时，始终注重用文化来驯化和引导商业的逐利本能。“富不过三代”是中国乃至世界许多地方盛行的诅咒，但潮汕恰恰产生了大量绵延五代、十代乃至更久的商业家族——陈慈黉家族、谢国民家族、香港的庄氏家族皆是例证。这些家族长盛不衰的秘密，在于他们沉淀出一套独特的家族文化传承机制。潮汕望族极为重视子弟教育，这种教育并不局限于经商技能，而是涵盖传统文化、家族历史和做人道理。陈慈黉家族在家规中明确规定，子孙必须接受完整的儒学教育之后才能接触家族生意；谢国民则要求子女从小学习潮州话、背诵家训、参与宗祠祭祀。在这些家族看来，没有文化根基的商业成功是沙上建塔，一个不懂仁义礼智信的继承人迟早会败光祖业。这种文化自觉，正是潮商群体区别于一般商人团伙的关键所在。

潮汕有句名言："富无三，穷无三，文化久久长。"这话的意思是，财富和贫穷都不会持续超过三代，唯有文化可以代代相传。正是这种对于文化价值的深刻体认，使得潮商群体在商业扩张的同时，始终是文化建设的积极力量。翻看潮汕近代以来的教育史、医疗史和慈善史，会发现其字里行间闪耀着商人的名字。汕头最早的西式医院由潮商捐建，潮汕最早的现代学校由潮商创办，遍布乡村的善堂由潮商供养。这些慈善行为固然带有求福报的宗教动机，但更深层的是那种扎根于潮汕文化中的"财德相配"观念——财富是一种社会责任，赚得越多，对家乡和社会的回馈就应当越多。

今天的潮汕文化，正在面临全球化和互联网带来的深刻洗礼。年轻一代潮汕人的生活方式、语言习惯和价值观念，与他们的祖辈已经有了很大差异。但文化的内核，那些关于信义、勤劳、团结、回馈的价值信条，以各种新的形式在延续。在深圳的创业社群中，年轻的潮汕创业者依然热衷于工夫茶，依然习惯于通过宗亲网络寻找合作伙伴，依然抱持着“相辅做”的共赢理念。而在国际舞台上，越来越多的潮商开始将传统网络与现代企业制度相结合，以文化认同为纽带、以专业治理为手段，打造兼具凝聚力与竞争力的新型商业组织。

商海沉浮，潮起潮落。但潮汕文化赋予其子孙的那种独特的商业人格——既有冒险的胆魄又有审慎的智慧，既讲求利益又坚守义理，既放眼世界又不忘根本——却始终如一。这是从红头船时代一直延续到硅谷时代的精神血脉，是潮商得以名扬天下最深层的文化密码。

第二章

潮汕人有和你不一样的眼界

1.
眼光高低，决定生意大小

大生意做趋势，中生意看形势，小生意看态势。

——潮汕俗语

“大生意做趋势，中生意看形势，小生意看态势”，说的是做生意必须要有国际视野，立足于长远的利益，才可能把生意做大做强。站得高，眼界才会开阔，所做的决策才会更加长远。想要成就一番大事业，没有远大的目标是不行的。

“作为商人，在具备了做大生意的某些条件的情况下，他的眼光有多远，往往就能决定他的生意能够做多大。”红顶商人胡雪岩说。做生意都希望做大，最重要的就是要有高瞻远瞩的眼光，不能盯着眼前的蝇头小利，而错失更多更大的机会。

潮商做事能够不拘泥于现有的情况，对事物的发展做出大胆的预测，并且凭借睿智的头脑，发展更广阔的商业空间。经商就像是下棋，你如果只能看到眼前的这一步，那可能会输得一塌糊涂，但如果考虑到未来的十步、二十步，那就能走得更长远。

潮商的眼光在全世界，所以他们对自己要求更加严格，对自己所发展的事业有更高的要求。香港的“眼镜大王”马宝基没有接受过高等教育，也没有很好的社会关系，却凭借一己之力，从无到有创立了自己的眼镜王国。

马宝基祖籍潮汕，1959年随家人到香港谋生。他遇到了一位在眼镜厂当工人的同乡，于是随他到厂里做学徒。一年后，他以1000元的微薄本钱，用手挫、刮、磨等原始方式，在观塘鸡寮安置区开设工厂，开始了依靠眼镜起家的创业之旅。

香港的眼镜制造业有较深厚的传统，但只是在东南亚地区独领风骚，对欧、美等国只能望洋兴叹。

创业之初，马宝基就把目标定位于欧美市场。他经过认真的市场调研后做出战略决策：生产“手工板材架”，即塑胶架，这种支架在当时风靡一时。马宝基的决策依据是：首先，无论是亚洲还是欧美，随着城市人口的增多，眼镜的需求将会持续增长；其次，随着社会发展，人们生活水平提高，高档次的眼镜需求量会增加，眼镜将会由实用功能向实用装饰综合功能发展；第三，高档眼镜的生产需要大量的劳动力，属于劳动密集型的轻工产品，欧美地区工资昂贵，因此香港相对便宜的生产成本会使产品具有较强的价格竞争能力；第四，随着机器对手工的逐步代替，现在很多眼镜制造商多以机器加工代替手工，但其档次却比不上手工。后来的发展证明，马宝基的这一战略考虑可谓相当超前。

1976 年，一个到香港做玻璃进口生意的美国客户，惊喜地发现香港的眼镜框设计独特，手工精细，而且价格便宜。于是，马宝基有了第一位美国客户。

随着美国市场的成功打开，马宝基知道自己的预测是正确的，欧美的市场很大，只要自己的产品够档次，够质量，就能在欧美市场站住脚。他在美国市场仅两年就净赚 40 余万港元，企业也因此初具规模，算是走上了正规生产、经营的轨道。

马宝基从一个昔日仅有 1000 元积蓄开办“山寨工场”的穷小子，变成今天年营业额近 2 亿元的全港最大眼镜框出口商，凭借的不仅仅是吃苦耐劳的精神，还有对市场的准确判断及长远的眼光。从一开始，马宝基就将自己定位为大商人，所以他能付出更多的辛苦，目光比别人更长远。马宝基不计较眼前的利益，严格地生产出高质量的产品，这也是他能够获胜的原因。

2.
眼界宽，出手狠，决策准

眼光独到，判断准确，出手迅速，是生意人必须掌握的三门功夫。

——潮汕格言

“做生意，有时候就隔着一张窗户纸。找对了路子，明确了方向，就能势如破竹。所以，眼光独到，判断正确，出手迅速，是生意人必须掌握的三门功夫。”对市场准确把握并能果断出击的人，能在市场竞争中把握机遇，迅速地占领财富的制高点。

看准了就要迅速出手，认为对了就要果断决策，这是现代商人应该具备的能力。潮商如同一群盘旋在高空的雄鹰，有宽阔的眼界，但是在没有合适的目标之前，他们宁愿在寒冷的高空中持续等待，一旦发现合适的目标，就会突然发力，从千米的高空中俯冲下来，即便是最灵活的兔子，也逃不过他们的利爪。经商也是这样，需要忍耐等待机会，需要果敢抓住机会。

潮商黄子明说：“审时度势，认定机会，不惜一搏。”通过几十年的努力奋斗，他在中国香港和泰国拥有庞大的房地产和其他事业，建立起庞大的、多元化的黄氏家族集团。

1919 年，黄子明出生在泰国曼谷一个经营钟表、眼镜业的传统商人家庭，在继承父亲的事业后，除了致力于经营钟表业之外，他还审时度势，随时准备着向其他行业进军。

20 世纪 60 年代，在看到燕窝的巨大利润之后，黄子明与人合作成立金岛燕窝有限公司，并获得泰国海岛燕窝采摘的专利权，仅这一项业务，就让黄子明赚得盆满钵满，使其投资获得了丰厚的回报。

在积累了大量的资金之后，黄子明看好泰国的房地产市场，他认为，泰国经济的逐渐苏醒必然会带动房地产市场的蓬勃发展。于是，他不断收购曼谷市外围的土地，总共收购了 628 公顷土地。果然不出黄子明所料，这之后土地价格持续走高，他的这种地产投资或称为土地储蓄为黄氏家族带来了巨大的收益。

经商的最终目的是为了赚钱，这需要经营者有灵活的头脑，多元化投资，而不仅仅是局限在某一个行业。在经营钟表有了一定的资金积累之后，他看到了与钟表完全不同的燕窝市场，认定机会，果断出击，分得了市场的第一杯羹，获得巨大的成功。机会永远属于那些眼光开阔、果断坚决的人。抓住机会勇敢出击，成功之门就会微笑着为你打开。

1960年，黄子明为了拓宽视野，方便与国际商界多接触，举家迁往香港。迁往香港后，黄子明在九龙新埔港投资兴建了“国际眼镜工厂”，不久又在香港开设“通城”分店。黄子明的这一连串投资都为他带来了巨大的利润。

能够发现商机是一种能力，而能否抓住它则需要经营者的勇气和胆识。“拓宽视野，认定机会，不惜一搏”，这是黄子明成功的关键。他在几次大的机遇面前都充分地显示出了这种魄力。

成功的商人做生意都把眼光放得很远，在机遇面前，他们当机立断，看准了就及时下手。决策需要准确和果断，那些举棋不定、犹豫不决的人往往难以抓住机遇，错失良机。

当然，再准确的决策也难免会发生错误，但这样总比处处犹豫、事事小心要好。对于比较复杂的事情，在决断之前要从各方面加以权衡和考虑，要充分调动自己的常识和知识，也就是要“放宽自己的眼界”，为正确决策提供依据。

在决定之后，就要切断自己的后路，也就是要“出手要狠，奋力一搏”。只有这样做，才能养成坚决果断的习惯，在激烈的市场竞争中争得一席之地。

3.
眼界决定投资高度

我们敢于率先投资，这基于两点：一是希望为祖国经济发展做点贡献，二是我们看到了十多亿人口的市场潜力。

——谢国民

改革开放之初，第一个到中国内地投资的外资企业是正大集团。集团董事长谢国民说："中国改革开放的前景还不明朗时，我们就敢于率先投资，这基于两点：一是希望为祖国经济发展做点贡献，二是我们看到了十多亿人口的市场潜力。"事实证明，谢国民当初的选择是非常正确的，但这需要很高的商业前瞻性。

"不谋全局者，不足以谋一域"，做生意需要具备全局的观念。在投资上，必须要站得高，看得远。同时，在细节上也要一叶知秋，能够预见未来经济的发展趋势。对生意人来说，能否选择好的项目决定着企业的生死，而选择好的项目，最重要的就是要有好的思路和前瞻性的眼光。

1968 年，谢国民从父亲谢易初手里接过正大集团总裁的职位，凭借着优秀的组织管理才能和深谋善断的企业家气魄，正大集团发展迅速，如今资产已达数百亿美元。

在 20 世纪 20 年代，中国刚刚步入新的历史发展阶段，投资环境并不是很好，要面临巨大的风险，所以到中国投资的外国商人很少，需要很大的勇气和高瞻远瞩的眼光。

1979 年，当时中国改革开放的大幕刚掀开一角，谢国民就在深圳取得了“001 号”中外合资企业营业执照，与美国大陆谷物公司合资建立了正大康地有限公司，这也是深圳特区最早、最大的外商投资项目。1982 年，正大集团又相继在珠海、汕头领取了“001 号”外商营业执照，成为中国改革开放后第一个在华投资的外商集团。这不仅体现了谢国民作为一名杰出企业家的胆识、气魄和眼光，更开启了正大集团的一个全新时代。

随后，正大康地在中国第一个引进了工业饲料的概念，中国养殖业开始从传统养殖转变到现代化养殖，在中国从无到有地培育起了饲料业。

正大是第一个来中国投资的外资集团，也是在中国投资项目最多、投资额最大的外国公司之一。中国经济的快速崛起带动了正大集团的迅速扩张，其与中国合资及独资经营的企业超过 70 家，经营范围从饲料加工、摩托车制造到房地产、金融及通讯。

1997 年，亚洲金融危机从泰国爆发，正大集团在泰国的企业遇到了重重困难。而此时中国公司的迅速发展帮助正大集团度过了最艰难的时期，为企业的迅速恢复创造了条件。可以说，谢国民当初的选择具有很高的战略眼光。

谢国民经常说的一句话就是："我每天的工作内容有95%是为了未来5年、10年甚至15年、20年做计划，换句话说，是为未来而工作。至于那些已经成功并有成绩的业务则很少插手，最多只占我工作内容的5%，其余都归常任人员负责。"

对生意人来说，投资方向是否正确，决定着企业的生死。选择投资项目，完成战略布局，最重要的是要有好的思路和前瞻性的眼光。

没有疲软的市场，只有落后的思想。在已有市场已经饱和的情况下，需要商人主动寻找或创造新的市场和经营项目。而这需要前瞻性眼光和宽阔的眼界，做生意不只是拘泥于一个小小的范围之内，也不局限在一个短的时间范围内。

市场是充满活力的，但如果一家企业市场意识不强，经营观念落后，会慢慢被竞争对手所淘汰的。除了客观的环境因素，在商业投资出现危机的时候，就应该反思自己的眼光是不是没有跟上市场的脚步或是寻找更大的市场。如果不能适时地改变和调整自己的经营生产模式，失败就会如约而至，正所谓没有疲软的市场，只有落后的观念。

在经商时，固守旧的东西自然不需要花费太多的力气，但落后的产业和经营模式很难跟得上时代的脚步，企业就容易被市场所淘汰。坚持创新，才能找到更加广阔的市场。

4. 国际化视野：心有多大，舞台就有多大

学会用全球资源做生意，是一个商人的必修课。

——陈克光

法国潮商陈克光说："在经济全球化的背景下，学会用全球化资源做生意，是一个商人的必修课。"潮商的踪迹遍布全世界，他们强调，生意人要胸怀天下，心里装着一张世界地图，把世界当舞台。有实力的商人不能只盯着国内的市场，还要善于用国际思维来经商，追着利润跑。

当世界越来越变成一个地球村时，商人应该是对其做出反应最快的群体。全球化对于经营者既是机遇，也是挑战，如果经营者能够拥有全球化的视野，时刻关注商业的演进，并从中发现有价值的投资，就能够更加准确地做出科学的判断，先人一步获取巨大的利润。

"去东南亚办事，至少要懂两种语言：英语和潮汕话。"潮汕人的足迹遍布四海，他们的经营范围、经营领域也涉及全球。潮商视野开阔，奉行商者无域的经营理念，擅长

在全球范围内调动资源，整合力量，获得高额的利润。

“潮汕是那种必须走出去才有活路的地方。”为了生存，潮汕人远离家乡，漂泊到世界各地生存发展。时至今日，全世界的潮汕人在本土、国内其他地区和海外各占了1/3。其中泰国的华人最多，达到1000万人左右。

潮汕人依靠海洋走向世界，依靠海洋经商求生。明末清初时，潮商到海外经商主要靠船，海外贸易打开了潮商的视野，让他们不局限于一隅之地发展。明末以后潮汕人大量向海外移民，在东南亚的泰国、印尼、马来西亚、新加坡等地聚集，通过贸易积累资金之后，他们在当地兴办实业，扎根海外。

如今，新潮商依旧遵循着出洋经商的传统，很多潮汕人都把自己的创业计划定在海外。有位潮商说：“这种地理条件决定了潮汕人必须向外发展，走出去才能寻找活路，这是数百年的潮商历史所证明了的规律。”

潮汕人漂泊在异国他乡并且能够生存发展下去，甚至逐渐建立起自己全球化的商业版图，其难度是可想而知的。以脚步丈量世界的潮汕人，在拼搏奋斗的过程中也具备了全球化的经营思维，把生意做到全球。

1992年，李嘉诚和郭鹤年两位商业巨头，通过香港的八佰伴超市集团主席和田一夫的搭桥牵线，携60亿港元巨资，赴日本札幌发展地产。这一举动在日本商界引起了不小的关注，许多人对李嘉诚的这次投资保持着高度的警惕。

其实，这只是李嘉诚全球布局的一部分，早在20世纪80年代后期，李嘉诚的全球布局就已经开始了。当时，李嘉诚的长和系企业在海外的业务范围包括能源、地产、电信零售和货柜码头等。在全球化征战中，李嘉诚以香港为基地，将自己的商业触手伸到北美、欧洲和亚太的其他地区。其中，港口业务在全球15个国家和地区投资近30个码头。

全球化的投资获得了良好的回报，李嘉诚的商业帝国获得了跨越式的发展，这让他在面对经济危机或是商业周期时更能从容不迫，从全球的发展中获得红利。李嘉诚说："做生意肯用心思去思考未来，有长远的眼光，当然成功的概率较失败的多，且能够抓住重大趋势，成为商场中的赢家。"

在百年变局的时代，经营者不仅要谋全局，还要照顾到某一地区的局部布局。只有兼顾全局与局部，并且设计好局势变动的应对之策，才能游刃有余地应对各种情况，掌握主动权。李嘉诚身为和记黄埔的首席执行官，其麾下有遍布世界的港口、全球性的移动电话业务。一家在加拿大的能源公司、分布在亚洲各地的超市以及各种其他业务，他都非常熟悉，如数家珍。一方面，他将管理权充分下放，让企业有足够的自由发展空间；另一方面，他又站在全局的角度，让所属的企业协调配合起来，形成产业链，从而形成更大的竞争优势。

多年的从商经历让李嘉诚明白，要想在纷繁复杂的商业世界取得成功，离不开勤奋和努力，但同时也依赖于经营者对商业趋势的深刻体察，尤其是在全球化、网络化成为时代主题的今天，生意人如果缺乏全球化视野，就难以真正地把企业做大。

把握全球生意商机，需要全景思维、长远的眼光和务实的创新精神；需要经营者掌握世界最新、最准确的信息，从而让公司在经营中站稳脚跟，获得长远的发展。

5.
眼光放远一点，生意做久一点

远见是心中浮现的将来的事物可能是什么样子。

——乔治·巴纳

乔治·巴纳说："远见是心中浮现的将来的事物可能是什么样子。"一位成功的投资者，也是杰出的未来设计师。投资不一定马上就能获得丰厚的回报，很多投资行为都为企业未来的发展提供了很大的帮助。眼光长远的商人，总能把生意做得更久一些。

潮商认为，如果一直跟着别人的步伐前进，是很难获得成功的。每个人的心中都有一头容易短视的“大象”，常常为短期的利益而丢掉长远的利益。因此，我们要时常提醒自己，不能被心中的“大象”所蒙蔽。要有一点耐心，将目标定在远处，用远大的、确定的目标激励自己，咬紧牙关，顽强地朝着自己的目标走下去。

美国作家唐·多曼在《事业变革》一书中说：“把眼光放长远是踏上成功之路的一条秘诀。”有远见的人，考虑的是未来 5 年甚至是 10 年的目标，他们不会为短期的利益而放弃更加长远的利益，他们心里装着整个世界。

未来向每一个人张开双臂，幸运之神不会偏袒任何人。一个缺乏远见，不能洞察未来的人，常常会眼睁睁地看着机会溜走，到头来一无所获。

看到未来才能发现机会，只有事先做好准备，才能把挑战变成机遇。只要预先想得到，实际做得到，这个世界上永远都会有伟大的事业等待你去开创。

腾讯公司创始人之一的马化腾，现担任腾讯公司控股董事会主席兼首席执行官。他出生在广东省汕头市，1993 年从深圳大学计算机系毕业，开始自己的创业之旅。

毕业后的马化腾进入深圳润迅通讯发展有限公司，开始做编程工程师，专注于寻呼机软件的开发，后升入开发部任主管。这段经历使马化腾明确了以后发展的方向，可以说在润迅工作的那段期间打开了马化腾的视野，并使马化腾在管理上获得了启蒙。

在这段工作期间，马化腾看到了传呼的巨大市场，认识到只要能研发出一款适用于中国网民自己的通讯软件，一定能够吸引众多的网民使用。

1998 年，马化腾和他的同学张志东“合资”注册了深圳腾讯计算机系统有限公司。此后，马化腾遵循着他既定的目标，在传呼通讯领域披荆斩棘，使所创立的 QQ 成为中国使用人数最多的网上交流平台。《2016 胡润全球富豪榜》公布，马化腾的财富为 1240 亿元，位列大陆第四位，全球第 41 位。

马化腾的成功离不开专注、技术以及管理团队的能力，但更重要的是他对于未来市场走向的把握。在看准通讯行业的未来后，马化腾就朝着心中这个目标矢志不渝地前进，随着工作越做越深、越做越精，事业也就自然而然地成长发展起来，成功也自然到来了。

经商是一项需要智慧的行为，只有具备长远的眼光，才能保证其顺利实行。有时候，眼前看上去有利可图的行业，不一定是适合自己的投资，因为获利要受很多因素的影响，如果不一一考虑就贸然行动，肯定会以失败而告终。

一个成功的投资者，最出色的地方不在于他投资之后能获得多少利润，而是他的投资行为能够为他日后的发展带来多大的帮助。如果能在投资中将自己对未来的规划进行落实，离经商成功也就不会太远了。

6. 胆大心细，见缝插针

一旦认准赚钱的目标，就要大胆行动，从里面挤出利润。

——张锦程

潮商张锦程说："生意的机会很多，关键是要把握住。一旦认准赚钱的目标，就要大胆行动，从里面挤出利润。"成功的商人善于发现市场，通过调查研究，运用谋略，取得成功。在选择了目标之后，他们就会执行到位，在商战中取得一个又一个胜利。

做大事仅仅胆大是不够的，还必须要心细。在投资之前，要做足市场调研工作，把这件事放在心中再三权衡，计算利害，做到心中有数。很多人惊叹于潮商大胆果断的商业投资，其实那些干净利落的决断背后，都是详细缜密的思考。

如今，很多年轻人都感叹“生意难做”，机会越来越少。一些人由于缺乏资金和经商经验，只能喟叹“生不逢时”，不敢轻涉商海。事实上，很多著名的潮商都是白手起家，通过自己一点一滴的积累，成就了今天的辉煌。赚钱的门路有很多，只要你独具慧眼，就会发现独属于自己的赚钱门路。“只有疲软的企业，没有疲软的市场”，赚钱的机会无处不在，但它不会摆在明面上或主动找上门来，你需要立足于自己的经营优势，勇于创新，用心捕捉，才能找到机会。

潮商郭实雄是义乌国际商贸城四区的一名内衣产品经营户，在来义乌的5年时间里，他生意越做越大，公司的销售额从200万元提升到了4000万元。说到经商之道，他说自己靠的就是闯劲儿和细心。

郭实雄下决心来义乌闯市场主要源于一次与美国客户的交谈。2002年刚过完春节，一位美国客户跑到广东潮阳谷饶镇，找到了郭实雄的莎杏内衣厂，准备下10多万元的订单。两人聊天时，美国客户建议：“你们有这么好的产品，义乌有那么好的市场，为何不到义乌设个办事处，也好方便我们采购。”

美国客户的话启发了郭实雄。两个月后，他只身来到义乌，在篁园市场和保联街等专业针织内衣市场转了一圈后，他却发现市场的人并不是很多，外商的数量也没有他想象的那么多。但和一位经营户的交谈中，他得知，虽然市场上外商不多，但订单并不少。“和外商做生意，成单率较高，而且对方订单量大。外商一个单，企业就可以生产好几个月甚至半年之久。”这给郭实雄吃了一颗定心丸，让他下定决心来义乌闯荡。

回到广东，郭实雄开始筹备进入义乌市场。2004 年，他在义乌保联街租了一间店面，开始直接与外商做生意。

正所谓“没有疲软的市场，而是没有见缝插针的勇气和眼界”。在市场中，如果你的眼里看到的全是竞争和疲软，那市场就是疲软和饱和的。但如果你能看到市场中的需求，你就能抓住别人看不到的商机，赚到别人赚不到的钱。

2005 年初，客户在短短的 3 个月内，就从莎杏内衣厂订走了近 200 万元的货。但到了付款日期，对方却拒不付款。“这笔钱我追了两年，最后追回 120 万元。另外近 80 万，只当打了水漂。”郭实雄说。这件事情后，不论做多大的生意，他都更加关注客户的信誉度，力争把外贸风险降到最小。

如今，每当有新客户下单时，他就会亲自到工商局查一查或向同行打听这家外贸公司有没有注册过，提前对客户的信誉度有所了解。

由于小心谨慎，从上次被骗到现在，郭实雄再没有被骗的经历。他说，做生意要有勇于开拓的勇气，在发现市场之后要果断地出击，更要在经商中保持机警和细心，对市场的变化有深刻的了解，同时避免经商中潜在的风险。

胆大心细中的“心细”，主要是指做决定前的谨慎考虑，做生意不逞匹夫之勇，果敢的投资不等于冒进。潮商认为，在投资之前一定要考虑好以下几个方面。

第一，情况不明时，保持慎重。在经济快速发展的今天，许多新事物如雨后春笋般蓬勃发展起来，但很多都只是热闹一时，喧嚣之后就会没落下去。所以，在经营时要尽量避免这种陷阱，盲目投资只会损失惨重。

第二，真理并非掌握在多数人手里。潮商认为，团体的意见有时并不能保证完全正确，甚至会使公司错失良机。因此，在公司会议上，大家都说同样的话，并不一定表示这个决策一定是正确的，有可能大家是迫于某种压力，人云亦云而说出这样的话。潮商总是提醒自己，区分哪些是真正的信息，哪些是虚假的信息，只有正确的信息才能保证正确的决策。

第三，别被美妙的语言迷惑。有两个投资合作项目，一个成功的机会是80%，另一个有20%失败的可能，你会选择哪一个？有很多人会选择第一个，原因很简单，成功的字眼顺耳，使人兴奋。经营者对于一些“听起来”非常诱人的机会要保持清醒的头脑，要知道，天上不会掉下馅饼来。

第四，不过分迷信经验。许多商人总爱用老办法来处理新的问题，用以前的条条框框来约束自己，并用于自己的事业上，这样做只会使你失去认识更多新事物的机会，也会失去很多的机会。因此，在做出决策之前，要灵活地运用以往的经验，不能把它当做包治百病的灵丹妙药。

做生意需要果敢胆大的投资，但防范风险，细心谨慎则更为公司运营的常态。既能打得下江山，又要能够坐得稳江山，这才能称得上一个合格优秀的商人。

7. 生意要走在政策前面

利国、利民、利企业。

——谢国民

潮商谢国民认为，如果投资者忽视，甚至藐视政策的变化，就会吃大亏。他主张商业投资要坚持“三利原则”，即“利国、利民、利企业”。一个企业如果能够跟着国家政策走，就能够抓住市场的脉搏，追随大势前行，就容易赚到钱。

历史上的潮商有意远离官场，努力让自己的商业行为与政治分开。现在的潮商依然与政治有着一定的距离，他们跟随政治的脚步而不依赖于政治，这让他们既赚了钱，又能规避一些不可预知的风险。不可否认，经商离不开政治。一个新的政策背后，往往暗藏着国家的宏观经济走向，在细微的政策变化中寻找适合自己的商机，是一个商人应有的能力。

世界上任何事物都是紧密相关的，没有一件事能够摆脱其他事物独立存在，商业和政治更是这样的关系。如果商人经商不考虑政治或其他的影响因素，很难把生意做大。谢国民说："政策是市场的导向，在国家政策的变化中，往往蕴藏着丰富的机遇，就看我们有没有敏锐的市场洞察力，能不能在细微的市场变化中寻找到适合自己的商机。也就是，读懂商政关系，就能赚大钱。"

29 岁的谢国民从父亲谢易初的手里接过了正大集团的大权，但是谢国民没有一般富家子弟的娇气，而是表现出一个新时代潮商勇于开拓进取的风范。正大集团在他的带领下，始终保持着农业的经营特色，继续向农牧方向高速发展。

2010 年，备受海内外华人华侨关注的"中国侨商馆开馆仪式"在成都世纪城会展中心的"西博会"上盛大开幕。

谢国民出席了剪彩仪式。他说："西部大开发，对四川来说是件大好事，更是个难得的机遇。我已经观察到，越来越多的华侨将投资目光转向西部。而作为西部大开发的重点区域之一的四川，必将成为华裔投资的重点对象。故应抓住机遇，办好西博会、海科会。我这次来参会，就是希望能够携手西部、合作共赢，积极引进侨资侨智。”

谢国民非常关心政治，对于中国政府对农业的重视和战略开发，更是无比关注。在“西博会”上，谢国民表示要积极响应国家的号召，为中国的农业建设贡献出自己的力量。他说：“我们看好四川市场，还要引进更加先进的农业生产技术到四川。我认为，光投资金还是不够，还要为四川企业培养一批优秀的业务员。目前，我们在四川投资的企业发展得都不错。下一步，我们将和陕西、安徽、江西、河北等省市开展合作，建设一批规模化、标准化、现代化的养殖场、屠宰场、食品深加工厂等，发展农村经济，带动农民致富。”

在复杂的市场竞争当中，“只拉车，不看路”被视为没有效率的蛮干，甚至是干得越多，结果越糟。精明的生意人会注意分析大的形势，充分了解国家政策——那些事情是国家鼓励做的，有发展前景；那些事情可以做，但前景不够；又有哪些事情不能做或是国家禁止做的。

作为世界五百强企业，正大集团有很多成功经验值得经营者学习，其中最重要的就是对政策形势的把控。在如何投资和发现中国市场方面，谢国民说：“投资决策，不是空中楼阁，而是要有切实的依据可以参考才行。我决定投资中国的时候，关注每个地区的政策变化，一旦有机会，就抢上前去，顺势而为，结果就轻松赚到了钱。”

商业和政治的关系就像空气和人的关系：空气清新时，感觉舒畅；出现雾霾时，感觉污浊。但大多数的时候，我们很容易忽略空气的存在，但它确确实实影响着我们的一举一动。政治之于商业也是这样的，好的政治环境下商业才能蓬勃地发展。政治的走向是商人不可忽视的重要因素。

8.
于生活细节处发现商机

世界上并不缺少美，缺少的只是发现美的眼睛。

——罗丹

罗丹说：“世界上并不缺少美，缺少的只是发现美的眼睛。”同样的道理，优秀的商人善于在市场缝隙中发现一个又一个新的商机。发现或是创造新的商机，需要我们有一双善于发现的眼睛，而这需要在长期的经营锻炼中磨练出来。

想要在生活中发现商机，我们还要多多地学习，留心观察，了解比别人多的信息。没有信息为基础，经商的眼界就不会宽阔，狭隘的思维很难让人发现生活中的商机。把握住生活中的一些小细节，往往能给你带来意想不到的机会。

很多想要独立创业的年轻人都在感叹现在的市场已经接近于饱和，商机难寻，生意难做，这是当下很多人常常发出的喟叹。真正有勇气创业的人，眼里充满了商机。而那些缺乏勇气的人，则常常以各种理由来安慰自己。其实商机处处都在，关键是经营者要细细观察，处处留心。

李焕明出生在广东潮汕农村，为了减轻父母的压力，他 15 岁就开始做生意。暑假期间，李焕明租了保温瓶，推着车子，开始走街串巷卖冰棍。

叫卖时，李焕明渐渐发现，买冰棍的大多是小孩，但当时农村的小孩大都买不起冰棍，却几乎家家户户都有地瓜。李焕明是个爱动脑子的人，他想到，没有钱买冰棍，可以用地瓜来交换。一根冰棍单卖是一分钱，而一个地瓜在市场上能卖到一毛钱，其中的差价就成了李焕明卖冰棍的盈利。

不一样的销售模式拓宽了李焕明冰棍的销售渠道，别人卖冰棍一天赚 5 毛，李焕明就能赚到两三块，也算小有成就。就是这样一件小事让李焕明认识到，经商不仅仅是一个辛苦活，更需要经营者动脑子，这样才能赚到别人赚不到的钱。

上世纪 90 年代初，内地人非常追捧香港的随身听、录像机，还有小家电和日化用品，这些小商品在内地的价格也比较高。李焕明寻思着从香港买来物品拿到内地去“倒一倒”。

1990 年 6 月，一个个头瘦小、说广东话的年轻人，第一次登上去内地的火车。他形只影单，扛着 4 个大包，里面装的是从汕头贩来的录像机等小家电。仅仅在常州奔波了 10 来天，他就将所带物品销售一空，成功赚了 5000 元，掘到了人生的第一桶金。

从开始卖小家电，他又与常州无线电四厂签下集成电路供销订单，随着生意越做越大，他的事业在常州落地开花。到 1992 年他准备自己开店之前，手里已经有了好几十万元的存款，这在当时可是一笔不小的数目。

就是这些生活中的小细节、小商机使得李焕明积累了原始的创业资金。机会总是垂青有准备的人，那些善于发现商机，并且愿意为之努力的人，永远是上帝的宠儿。

2005 年，一部《大长今》让国人对韩剧的热情空前高涨。《加油！金顺》《人鱼小姐》等韩剧悄然影响着人们的消费观念，韩剧中的男女主人公的衣着打扮受到众多年轻人的追捧。

韩剧主角引领服装潮流，新奇的翻领、超短的外套、靓丽的围巾等等，不少女性看韩剧，也是为了追随女主角的时尚打扮。在这场“韩流”当中，精明的潮商看到了潜在的巨大商机，一大批做韩式服装的商人迅速崛起，在一段时间里，其销售的火爆程度让很多潮商都没有想到。很多人因此赚得盆满钵满，当别人想要加入进来的时候，潮商早已转换阵地，另寻商机去了。

许多情况下，商机就在我们的身边，就在我们生活的细节当中，关键在于你是否能处处留心，发现商机，并且果断出击，创造财富。

李焕明说："一名优秀的决策者，他不仅是一个挖矿者，也是一个探矿者，更是一个创新者，企业的生命力在于探矿者和创新者的能力，投资定位的准确是创业成功的价值所在。"

2003年初，李焕明看准了地产的投资。在一片反对声中，他斥巨资收购了一幢烂尾楼，吃下了第一只"螃蟹"。现在这幢楼已经大大升值。接着，他又收购了金坛城西宾馆以及博爱大厦、恒利大厦、润隆大厦、嘉乐广场的部分楼层。2006年，李焕明又花2亿元拿下了无锡标志性建筑——明珠广场。随着经济快速发展，商业地产的价值在整个经济大潮中日益显现，而李焕明对于商业地产的投资为他带来了丰厚的回报。

李焕明投资商业地产眼光独到，在谈及经验时，他说："我最关心的是地段，地段，还是地段。"在他轻松的表情背后，是他对于商业投资的精准观察："记得在拿联通、明珠广场时，我会每天围着楼盘来回走上三四个小时，甚至站在那里点人流数，毕竟人气就是财气啊。”

所谓商机，其实一点也不神秘，它就在我们身边，就是我们实实在在看到的东西，对于地产市场，李焕明看到的是实实在在的人流。

9. 所谓商机，即把握市场需求

嫌货正是买货人。

——潮汕俗语

“嫌货正是买货人”，潮商注重对顾客的体察，顾客的需求正是市场的需求，抓住市场的需求，也就抓住了商机。潮商郭汉清说：“我一直觉得一个公司的存亡是需要依靠顾客的，顾客的评价直接决定了公司的成败。”潮汕人做生意非常的灵活，他们能够紧紧地跟着顾客的需求前进，顾客需要什么，他们就做什么。

所谓商机，其实就是消费者的需求，而这些潜在的市场需求隐蔽性极大，但是如果能够挖掘出来，就能够为投资者带来高额的利润。

在经商中要能够审时度势，掌握市场行情。任何一个商家，要生存，要发展，首先要能审时度势，充分掌握市场环境。在环境“欲变未变”之时，见微波而知有暗流，在顺境中预见危险的端倪，在顺利时看见胜利的曙光，驾驶企业的大舟，机动灵活地绕过暗礁险滩，驶向胜利的彼岸。

事实上，很多生意人掘到的第一桶金都是从“小摊卖猪肉、买热狗”等小生意开始的。杨汉士是深圳东门鸿展中心城的老板，1998年大学毕业后，他放弃了到广告公司做设计的工作，而是在东门九龙城卖起了珍珠奶茶和热狗。

当时的东门九龙城的服装市场刚刚起步，许多生意人都来这里做服装生意。杨汉士说：“做生意就是要满足消费者的需求，走在别人前面。当时东门买热狗的人很少，我的生意很好，一天下来，就能卖300多条热狗，一个月也有七八千的收入。”对于和他共同出来创业的人来说，这份收入已经相当可观。

后来，东门的老街区改造，不少原有的建筑拆除，东门聚集了很多临时摊位，热狗生意的利润相当微薄，于是他决定转型。

“十几年前，炒铺的人很少，当时也几乎没有地产中介，就连很多业主，对于手里物业的价值也是稀里糊涂的。”就这样，杨汉士走上了“炒铺”的发家之路，他投资的很多商铺在短短的几个月内就翻了一番，这为他积累了大量的资金。

2007年，杨汉士以重金买下了当时经营不善的鸿展广场。“当时鸿展负一楼是空的，很多人不敢买。但是我觉得鸿展位于东门步行街核心地段。”在看到东门女装业基本饱和，但是上档次的餐饮业相当匮乏之后，2009年杨汉士将鸿展重新定位为美食城，并以此一举成名。

做生意，不管愿意不愿意，每个人都必须尊重市场规律，跟着“行情”走。为此你要研究“行情”，掌握“行情”变化规律，从而灵活变更经营项目，把生意做活，做巧妙。

敌变我变，关键在一个“先”字，必须抢在对手再次“变化”之前改变已经过时的计划。同样的道理，市场行情发生了变化，就要比竞争对手更快地变更经营项目，这样才能掌握经商的主动权，先发制人。

总之，在生意场中，一味地盲目前进很可能陷入死胡同。要谨记，时变我变，以变求胜。

第三章

潮汕人有和你不一样的胆识

1.
做生意，狠劲儿不可少

三牲敢食，钉球敢绊。

——潮汕俗语

潮汕俗语“三牲敢食，钉球敢绊”，说的是在潮汕某些地区的祭神活动中，神汉必须光着上身挥舞钉球，或者躺在钉床上，以显示自己的神力，也表示对神明的尊重，祭祀活动之后，神汉可以获得民众供奉的三牲祭品。经商也是这样，所谓“不入虎穴，焉得虎子”，没有下定决心，很难获得成功。

经商要面对风险，要四处奔波，要经受挫折，如果没有一股子狠劲儿，就难以实现财富梦想。潮商杨受成说:“做生意，想是一回事，做又是一回事，想到了就要做，让自己勤奋一点才能得到好的结果。有了好的想法不付诸实现，梦想永远都只能是梦想。”

对自己狠一点，这是许多潮商取得成功很重要的一招。他们严格要求自己，不达目的誓不罢休，在一次次的自我超越中，生意也越做越大。对自己狠一点，就是要克服自己的惰性，在不断自我督促的过程中，完成对事业的不断完善。

英皇钟表集团主席杨受成便是凭借着身上的一股子狠劲，不达目的决不罢休的决心，取得了今日的成就。

20世纪60年代初，杨家的钟表店在香港已经小有名气，但对欧米茄和劳力士等名表的分销权，只能望而却步。然而，杨受成抱着碰运气的心态到欧米茄表香港区代理的安天时洋行，拜见瑞士籍犹太裔老板 AbertBarceha，恳求对方给他欧米茄的分销权，但这位老板面对当时还名不见经传的杨受成，只是随便说了一句："将来或许考虑给你欧米茄副厂天梭表的分销权。"

很明显，这只是一句推脱之词，换做别人，可能会知难而退。但对于充满干劲和活力的杨受成，他认为只要对方不是明确地拒绝，便有机会。接下来他穷追不舍，一个月总有数天到这个商人家作客，每次登门必探问天梭表的代理分销权何时才能够落实。

这种不达目的不罢休的精神终于感动了这位犹太商人，他先给了杨受成中低端品牌天梭表的代理权。由于杨受成的客路广，很快销售可观，给犹太商人留下了良好的印象，他最终成功地获得了欧米茄表的分销权。1968 年，杨受成在父亲的担保下，向银行贷款 20 万元，在"天文台表行"对面开设了欧米茄表专卖店。1969 年，他又取得了劳力士副厂帝陀表分销权；1970 年，再次夺得了劳力士的分销权，奠定了英皇表行在同业中的地位。

机遇随时都有，但是能够抓住机遇的人却少之又少。其差别可能就在于每个人面对机遇时的态度，只有那些执着、不肯放弃的人才能走到最后。有了好的想法而不去努力，想法只能停留在想法的层面，无法兑现为现实，更无法取得成功。成功的商人都有一股子狠劲，正因为此，才能在激烈的竞争中一次又一次地走在别人的前面。

世界上有很多虽有才干却一事无成的人，也有许多天生聪明却一无所获的人。不是因为他们不够聪明，不是因为他们运气不好，只是因为：在人生的关键时刻，在黎明快要到来的时候，他们轻易放弃，没有坚持；只是因为他们在遭遇挫折的时候，他们没有忍耐，没有执着坚忍，最终与成功失之交臂。

每个想成功的人，骨子里都有一种英雄主义情结。这需要我们在创业路上努力用坚忍的执着去雕琢那个属于自己的英雄梦。只有这样，当遭遇挫折的时候，才能爆发出超出常人的韧劲。毕竟，成功的路上从来都是荆棘丛生的，一不小心，就可能让自己万劫不复。

让自己执着地去追求，对自己多些狠劲，方能让自己大难不死，并于九死一生中走向成功。

2.
抓住机会，在危难之际执掌大权

桥头捞杉。

——老仲头

“桥头捞杉，”说的是潮汕解放前常发大水，杉木从上游顺山洪冲刷下来，有些人却敢于在桥头上从湍急的水中把杉木打捞上来，因而发财。这些见过世面、经验丰富的人被潮汕人称为“老仲头”。

一位潮商说：“临危受命，学会在危难中力挽狂澜，体现的是一种勇气、自信、才干和卓著的商业本领。”危难之际，对有才能的人可能是机会，他们会把困境当做机遇，凭借自己的智慧，带领团队另辟蹊径，开创一条更加辉煌的道路。

潮商李楚源在商界享有很高的声誉，在白云山中药厂严重亏损时，他在众人都不看好的情况下接手掌门人职位。通过几年不断改革、创新和扩大，白云山中药厂不仅奇迹般起死回生，更是创下了行业内的销售奇迹，这一创举令所有人都对他刮目相看。

1965年，李楚源出生在潮南成田镇，1984年考入中山大学化学系，毕业后在广州医药行业从事技术员工作。在职的10多年间，李楚源积极学习各种医药学知识，积累人脉，关注医药行业的最新发展动向，成为行业的佼佼者。

上世纪90年代中期，白云山集团对联营分厂疏于管理，控制不力，产品质量下降，这造成白云山中药厂产品品牌形象下降，经济效益一落千丈。在这危急关头，药厂急需一位有能力而且熟悉该行业的人上任，把白云山药厂从生死边缘拉回来，李楚源成为首要之选。1999年，李楚源当选白云山中药厂党委书记、厂长，可谓受命于危难之际。

上任后的李楚源面临着一系列的困难和问题：产品销量急剧下降；科研资金短缺，几近停顿；有设备却没有订单；员工收入大幅下降，人心涣散；公司连续5年亏损。

面对重重困难，李楚源明白，只有放下心中的顾虑放手一搏，才有可能扭转公司现在的状况。他制定了以经济效益为中心，内抓管理，外拓市场，实施“人才、品牌、科技”三大战略的发展思路，对药厂进行大刀阔斧的改革。

李楚源以“传承、创新、超越”为宗旨，利用集团的整合优势，积极打造广州中药的名片，扩大企业的知名度。另外，他斥巨资更新技术设备，重奖科技人员，提高企业的科技研发能力。

这一系列的改革让企业获得了新生。1999年，药厂实现扭亏为盈，创下年利润 1611 万元，为企业历史最好水平的 4 倍。现在，药厂以生产板蓝根颗粒、复方丹参片系列产品为主，在同类产品中全国占有率第一。

年仅 33 岁的李楚源临危受命，凭借着自己的胆识和勇于创新的精神，带领白云山中药厂走出濒临倒闭的低谷，连续 11 年保持 30% 以上的高速增长，白云山中药厂从昔日的“烂摊子”一跃跨进中国大型制药厂的行列，李楚源也成就了自己的人生。

3.
海贩商人：骨子里的冒险基因

肚困胆就大。

——潮汕俗语

“肚困胆就大”的意思是，肚子饿了，想要求得生存，就要胆子大。潮汕地区三面环山，一面邻海，人多地少，社会资源短缺。特殊的地理位置，迫使潮汕人紧紧地和大海联系在一起。正所谓“一方水土养一方人”，海洋对潮汕的历史进程、潮汕民性和潮汕性格的形成，都产生了极大的影响。

“靠山吃山，靠海吃海”，临近大海的潮汕人，在波涛汹涌的海洋中学会了贩鱼、贩盐等经商技能，大海那难以捉摸的风浪也培育了潮汕人敢于冒险、勇于闯荡的性格，并由此形成了独特的海洋文化。

为了生存和发展，潮汕人必须学会与恶劣的环境搏斗，在搏斗中逐渐学会征服自然的本领。潮汕人在经商中所表现出来的冒险精神，就是他们在长期的与大自然的搏斗中不断磨砺而来的。

潘洪江，祖籍广东揭阳，他的父亲在 20 世纪初期到柬埔寨躲避战乱，定居下来，依靠渔业生意维持一家人的开销，生活清贫。潘洪江从父亲的手里接下家族买卖，但他不甘心像父亲一样做一辈子渔翁，决心闯出一番自己的天地。在一次和朋友的攀谈中他得知，一个法国酒类经销商想在柬埔寨寻找代理人。潘洪江认为这是一个机会，于是就开了一家法国酒类的专营店，做了柬埔寨的代理人。

但潘洪江发现，法国酒早已占领柬埔寨市场，行业竞争异常激烈，远没有自己想的那样好做。但他已经投入了几乎自己所有的积蓄——做下去，看不到希望；不做，死路一条。

没办法，潘洪江只好硬着头皮做下去，而且必须要尽快想出解决问题的办法。为了推销自己的产品，他干脆就待在酒吧，观察那里是如何运作的。细心的潘洪江发现，侍者是酒能否推销出去的关键。于是，潘洪江决定采取让利于侍者的办法，让他们帮助自己推销酒。

这种方法果然有效，经过一番努力，潘洪江逐步打开市场，业绩稳步上升。有了这样的基础后，他主动找到法国代理商，提出要买断品牌。再后来，他和法国人协商，买下葡萄酒的配方和技术，自己在当地建酒厂，在当地卖，品牌和质量一点也不打折扣。就这样，潘洪江成为柬埔寨酒生产大户。

在潘洪江进入葡萄酒市场前，他并没有做充分的市场调查，也没有经商经验和应对危机的措施，以至于他一度遭遇困境。潮汕人骨子里就是敢于拼搏的，潘洪江也一样，在困难和挫折面前他没有退缩，更没有放弃，迎难而上，成完了一件看似不可能完成的任务。潘洪江以自己的亲身经历告诉我们，经商如逆水行舟，不进则退，只有不断征服环境，才能成为一个成功的商人。

一个诗人曾这样赞美冒险和勇气：山溪在走投无路时纵身一跃，没想到会跳出一条瀑布。商场也是如此，在走投无路时要拿出非凡的胆识、理智和果断进行冒险，说不定这一次就打开了局面，柳暗花明又一村了。

像潘洪江一样，很多潮汕人离开世世代代生活的土地，漂泊异乡，为了生活而被迫选择经商。海外激烈、残酷的竞争环境并没有吓倒潮商，而是培养了他们开拓创新的精神。

“不入虎穴，焉得虎子”，想要创造商业机会，却不想冒险，那是不可能的。那些成功的人知道创业必然会面临一些风险，但是他们充满自信，在风险中争取成功的机会。

很多的风险是形势不明造成的，如果能在创业或是冒险前更多地掌握一些有利条件，成功的概率就会大大增加。潮商敢于冒险，但却从不鲁莽。在没有把握的情况下冒险是不值得的。冒险前，必须要有充分的思想准备和周密的规划。

4. “红头船精神”：吃苦奋斗，敢为人先

汗加目汁少。

——潮汕格言

在汕头市区外的砂河畔，矗立着一座“红头船”巨型

石雕，这座船形石雕不仅是汕头市的标志性景点，更是潮汕人吃苦奋斗、敢为人先、自强不息的“红头船精神”的象征。

“汗加目汁少”的意思是，汗流得多了，就不会因贫穷而流眼泪。潮汕人在面对海洋的滔天巨浪和不确定性时，他们没有退路，顶风而上，具有破釜沉舟的勇气，最后才战胜了滔天巨浪，到达希望的彼岸。

来到异国他乡，什么都是陌生的，必须从零开始，艰苦奋斗，才能站稳脚跟甚至创造出巨大的财富。所有的这一切，都是“红头船精神”的一部分，是千万潮汕人共同创造出来的精神财富。

早在宋元时期，潮商就开始了艰苦的海贩事业。但是明王朝严禁沿海商人私自进行海上贸易，并严酷地镇压违抗禁令者。在这种情况下，潮汕商人为了争取自身的利益，艰难地与朝廷抗争，在一段时期内形成了自己实力强大的海寇武装商人集团。这段与朝廷抗争的历史，让潮汕商人逐渐远离官场，形成了“在商言商”的纯粹人格，这也是“红头船精神”的一个重要起源。

清雍正元年（1723 年），雍正皇帝下令“着将出海边船按次编号，船头桅杆油饰标记”，将潮汕地区外出经商的海船纳入到统一的管理之中。又因为广东在南，南方属火，所以将广东出海民船以“船头油以红色”为标志，潮汕海船因此被称为红头船。

除了按规定把船头油上朱砂，骨子里有叛逆思想的潮汕人还别出心裁地在船头两侧的朱砂油饰上画上黑眼圈，使得整条大船看起来像一只晨鸣的大公鸡，威武雄壮。

长期生活在海边的潮汕人早已习惯了大海的惊涛骇浪，在面对商业风险时也更能冷静自如地处理。面对海洋中各种变幻莫测的风暴、巨浪，潮汕人养成了随机应变、灵活机敏的个性特征。而共同面对航海经商风险的经历培养了潮汕人团结合力、敢于冒险的商人品格。

潮商有强烈的商业意识，他们不甘人后，一有机会就开始经商创业。早期从小本生意做起，通过小商品而崛起的潮汕百万富翁数不胜数，比如郑子琳、谢慧如、谢易初等等。贸易为潮商积累了一定的资本之后，他们开始将资金投入到实业，创建自己的商业帝国。

在明代，潮汕人为了避开政府的高压海禁政策，逐渐移民东南亚等国。他们到当时物产丰富、地广人稀的菲律宾、柬埔寨、泰国等国，艰苦开拓，为之后的潮汕移民奠定了基础。

建国初期，由于中国自然经济环境破坏严重、生存环境恶劣，潮汕人向海外移民进入到另一个高潮。

移民海外的潮汕人要面临更多的困难，创业之初，他们大多没有什么特殊的专长，甚至还要面对语言不通的尴尬处境，只能靠着同乡的接济勉强维持生活。他们学习、创业、养家，甚至还要应付当地人的敲诈勒索。这样的环境使得潮汕人养成了吃苦奋斗、敢为人先的商业精神。

所有的这一切，都是潮汕“红头船精神”的一部分，潮汕人在无数的困境面前所表现出的果敢和智慧，都是潮汕精神最好的注解。

5.
靠山吃山，靠海吃海

有潮水的地方就有潮汕人，有钱赚的地方就有潮商。

——潮汕格言

潮汕濒临大海，四面环山，形成一个天然的依山傍海的地理环境。由于生存条件狭窄，又有通向海外的便利条件，潮汕人自然把眼光瞄向了海外。今天的潮人遍布世界各地，也就有了俗语“有潮水的地方就有潮汕人，有钱赚的地方就有潮商”。

生活在海边的潮汕人发展出一套独属于自己的潮汕文化，其中海洋文化是其最显著的特征。海洋文化是开放的、流动的，这反映在潮商的身上便是反抗精神、拼搏精神、冒险精神和崇尚抓住机遇的能力。

大海赋予潮汕人以宽阔开放的内在气质，这使潮汕文化具有开放性和兼容性的特点。作为中原汉民族的后裔，潮汕文化中既有中华历代文化的积淀，又因潮汕人与外界交流频繁，吸纳了外来文化，进而形成了自己独特的文化属性。

海洋文化弘扬强人精神，崇尚竞争和开创意识。海洋对于耕海谋生的潮商影响是巨大的，孕育了潮商敢冒风险、吃苦耐劳和善于应变的精神。而这种商业特质使得潮商走在中国商人的前头。

从古至今，潮汕地区特殊的地理位置，使得它受政府的影响要小得多。在计划经济体制时期，因为考虑到潮汕地区地处海防前线，考虑到战备的需要，国家在潮汕地区很少投资建设大型国有企业。也因为如此，潮汕人更早地突破僵化观念的束缚，摆脱计划经济下的依赖心理，产生了适应市场的新观念。

大海赋予潮商灵活的经营理念。善于海航的潮汕人从中学会了灵活善变的处事经商技巧，有人说："潮商发现机会、把握机会、创造机会的能力就像天生的一样。"

这种变通圆滑的文化使得潮商善于"见风使舵"，在经商中，精明的处事之道使得潮商在赚钱时减少了不少阻力。潮商足智多谋、灵活圆滑，在人际交往中深知"明哲保身"

之道，不轻易得罪人。潮汕人生性快乐随和，以善解人意见长。他们遇事少冲动，多权衡，轻莽撞，重坚韧。

大海赋予潮商以强烈的凝聚力。潮商一直备受称赞的一点便是团结的精神，在面对大自然的危害时，他们常常团结协作，对外团结他人共同战胜自然。

潮商团结的性格与他们早期的海洋作业与商贸活动有很大的关系。海上作业或是从事海上贸易时，必须要面对海洋所带来的高风险。高利润、高风险促使潮商在商业活动中较早地形成风险共担、利益均沾的商业合作伙伴关系。

他们往往合资购买船只、海上作业工具，然后共同进行经营。还有一部分大商人拥有巨资，但他们往往与中小商人进行合作，由他们出船或出资供他们出海经营，赚取自己的“经营之息”。这两种风险共担的经营模式，是海洋文化的一个重要特点。

很多成功的潮商是从苦力、雇工、小贩做起的，在艰难困顿中不忘学习进取，等到时机成熟就开始自己单干。这些白手起家的潮商，虽然经历着不同的经商之路，却实践着相同的潮汕精神，那就是开拓进取、自强不息。

经历百年的发展，大海已经融入到潮汕人的骨子里，成为他们文化中最重要的组成部分。不管潮汕人在本地、东南亚还是全世界，这种文化传统已经深深地刻在他们的生活当中，成为指导他们经商、做人的行为准则。

6.
在哪里跌倒，从哪里爬起来

失败并不可怕，可怕的是因为打击而一蹶不振。

——杨炳生

潮商杨炳生说："失败并不可怕，可怕的是因为打击而一蹶不振。一个商人，不仅要勇敢面对未知的东西，更要勇敢地迎接失败的洗礼，永远不被困难打倒、吓倒。"成功的商人身上都有一个共同的特质：坚韧执着、不达目标誓不罢休。经商的道路上，必定会经历无数的挫折和失败，而那些跌倒了能再爬起来的人，才有希望坚持到成功的到来。

经商应该始终保持必胜的信念。经商并不能保证赚钱，也难免失败，正确的办法是正视失败，然后重新开始，在哪里跌倒就从哪里站起来。失败者与成功者的区别并不在于他们失败次数的多寡，而在于他们在失败后采取的态度和作为。

风险和利润是一枚硬币的两面，做生意就是要面对不确定性，在风险面前，只有勇敢前行、永不言败的人才能夺取最后的胜利。从哪里跌倒，就从哪里爬起来，这一信条让潮商在经商之路上越走越远。

潮汕历史文化研究中心的李衍平说：“从潮汕开埠，到20世纪30年代，潮商迎来了一个大的发展时期，达到了第一次高潮。改革开放后，以李嘉诚为代表的潮商崛起，经营方式开始从家族式突围，变成股份制，这是潮商发展的第二次高潮。”一遇到经济发展的和平环境，潮商就率先发展起来，创造出令人称奇的经济成就，这并不是巧合。

1986年，年仅21岁的杨炳生带着从姐姐那里借来的900元，只身一人到来到重庆闯世界。

置身于陌生的城市，面对资金短缺和毫无社会关系的困境，年轻气盛的杨炳生靠着一股不服输的拼劲决心在重庆闯出自己的一番天地。起初，杨炳生依靠打工来维持生计并努力积攒人脉，学习技术。在有了一定的基础后，杨炳生开设了一家五金门市，从事五金机电的销售。凭借着灵活的经营手段和超前的思维，杨受成的业务逐渐壮大，更为重要的是，他由此积累了丰富的社会经验与广阔的经商视野。

商业头脑敏锐的杨炳生察觉到中国经济将会有迅速的发展，大量的基础设施建设和欣欣向荣的房地产开发市场，这一切都寓示着电线电缆会有巨大的市场需求。

于是杨受成当即决定成立“川南电线电缆厂”，但由于缺乏管理经验，加之人员和资金不足，“川南电线电缆厂”不到一年就倒闭了，这让杨受成受到很大的打击。

回首过去，杨受成说：“千回百转的创业之路，我把每次失败的经历都当做一种难能可贵的沉淀，成功不是偶然，而是数次柳暗花明后的那一春。”失败一旦降临头上，最重要的就是不能灰心丧气。

在“川南电线电缆厂”倒闭之后，杨炳生沉下心来总结失败的经验教训。1999 年，他又创立了“重庆市南方阻燃电线电缆厂”，在认识到上次的失败在大程度上是技术的原因后，他在重庆第一个引进日本技术，把电线电缆的质量提到同行业的领先水平。

因为注重质量和服务，杨炳生成功打开了重庆电线电缆市场。“重庆市南方阻燃电线电缆厂”发展迅猛，从几个人的线缆生产厂发展到几百名员工的集团公司，历经数年努力，成为行业翘楚。

跌倒了，就再爬起来，除了必要的毅力之外，还要注意不犯同样的错误。在为自己的梦想努力时，生活并不会一帆风顺，其中有失败，有挫折。但对一个毅力坚韧的人来说，困难不算什么，凭借自己的能力及永不服输的精神，就能不断地超越失败。

7.
抓住机遇，靠的是胆识

富贵出凶年。

——潮汕俗语

“富贵出凶年”的意思是，凶年即是灾难，又是机会，有胆识的人能够抓住机会。商场是战场，没有非凡的胆气，犹豫不决，常常会错失良机。李嘉诚在内地的投资项目北京东方广场，就是在很短的时间内做出来的决策，由此可见其卓越超凡的胆识。

有很多成功的商人，他们并不一定比你“会”做，有更多的经商技巧，但是他们比你更“敢”做。在潮汕人眼里，生意本身就是一种战胜他人，赢得胜利的挑战，没有胆识的人不适合竞争激烈的商场。

有位商人曾经说过：“创业要求有志者有超人的胆识，勇于承担多数人望而却步的风险。”机会往往只留给那些敢于尝试和不畏艰险的人，他们吃得了多数人吃不了的苦，也赢得了多数人赢得不了的利润。

一个人成功，很多时候需要走别人没有走过的路，需要面对不同的商业风险，这都需要经营者有一颗敢于闯荡的心。敢为人先，首先在于不断思考和创新。它是潮商的灵魂，是潮商的生命。只有敢为人先，才能抢占先机，勇于探索创新；才能正视困难，从容应对挑战；从而牢牢地把握发展的主动权，使企业实现又好又快的发展。

命运的改变往往就在于某一个机会，抓住这个机会可能成功，也可能失败。那么，我们该怎么办呢？在这个时候，我们应该依据自己的能力以及各方面的状况，判断风险的大小，对所做的事情有一个充足的评估，如果可行，就应该大胆地去尝试，去冒险。

面对高风险，很多人会望而却步，甘愿放弃机会，只有敢于挑战的人，才会离幸运女神更进一步。潮商凭借着过人的胆识、乐观从容的风险意识知难而进，逆流而上赢得出乎意料的成功。这种身临逆境、勇于冒险的进取精神是成就“中国犹太人”的重要因素。

康奈集团公司董事长郑秀康就是一个敢于拼搏进取的人。20 世纪 80 年代初，他认定了自己要办个皮鞋厂，闯出一番自己的事业，于是毅然辞去稳定的机关公职。为了凑足启动资金，他卖掉了自己的手表、自行车，最后甚至连老婆的嫁妆也卖掉了，即便是这样，可还是不够。狠下心的郑秀康知道大伯留了几百块钱，算是老人的棺材本钱，但为了办厂，他只好厚着脸皮向大伯借走了那几百块钱。

凭借着这种敢借“棺材本钱”的勇气，郑秀康硬是把一家小皮鞋厂发展为中国鞋业龙头企业。公司年销售额7亿多元，利税接近亿元。

郑秀康说：“风险和利润的大小是成正比的，巨大的风险能带来巨大的效益；幸运喜欢光顾勇敢的人，冒险是表现在人身上的一种勇气和魄力。”做生意就要下定决心，不能给自己留后路，人在没有退路的时候，更能爆发出惊人的能量。

由贫穷走向富裕需要的是勇气和胆识，很多有得过且过心理的人常常会失掉一次次发财的机会，人生需要风平浪静，有时也需要我们努力一把，抓住命运的帆船，创造不一样的人生。

要想赚钱，首先要对金钱有强烈的欲望，欲望能使人具备行动的勇气和果敢的魄力。扭扭捏捏，难以迈出经商的第一步，也不可能为日后的道路打开局面。

第四章

潮汕人有和你不一样的金钱观

1. 垃圾里也能淘出金子

商者无域。

——潮汕格言

“商者无域”，说的是做生意没有固定的界限和套路可循，全靠投资者的智慧。在潮商眼中，只要将商业意识渗透到生活的每一件事中，就能找到很多赚钱的机会，甚至能从垃圾里淘出金子。

很多人将别人成功的原因归为一些得天独厚的条件，或者归因于别人“运气”好。事实上，潮商的成功从根本上来说，在于他们有更加强烈的赚钱欲望，能做一个生活的有心人，不断地关注生活，观察各种现象，发掘出市场中的需求，从中抓住有价值的商机。

在潮商看来，天下没有不赚钱的行业，没有不赚钱的方法，只有不赚钱的人。潮商分布在各行各业，即便是别人看不起的小生意，他们也能干得好，干出名堂。即使是垃圾，他们也能从里面淘出金子。

随着中国经济的飞速发展，全国电子产品总规模已经超过一万亿人民币，全国电视机拥有量达到4亿台。中国每年进入更新期的“四机一台”（电视机、洗衣机、电冰箱、冷暖气机、电脑）约有2000万台。面对数量如此巨大的电子垃圾，潮商却从别人的苦恼中看到了商机。

从20世纪90年代，朝阳贵屿人就从垃圾中寻到了宝贝。目前，贵屿镇现在是全球最大的电器拆解基地，从事拆解加工的村有20个，企业300多家。其中，年拆解2万吨以上的就有10家，年加工生产塑料、铜、铁等可再生资源在2万吨以上的大型企业有4家。

我国废旧电子电器产品报废高峰期即将来临，面对如此巨大的废旧电子垃圾，贵屿镇已经找到了一条有利于环保和资源再生的出路。

潮商能够从市场的边边角角发现商机，在别人认为是做不得的生意，或是不屑于做的生意中发现巨大的商机。因为没有人跟你竞争，所以做起来就稳如泰山，但最重要的是，要捕捉商机。

要能从市场的供求差异中捕捉商机。在市场经济条件下，市场供求总是存在一定差异的，这些差异就是商机。比如，城市家庭中洗衣机的市场需求总量是100%，而市场供应量只有70%，那么对于公司而言就有30%的市场机会可供选择和开拓。

除此之外，还能够在司空见惯中寻找商机。当许多人为了赚钱而绞尽脑汁的时候，潮商却能够从日常的生活中发现商机，迎接下一次的财富盛宴。潮商认为，许多生意都在司空见惯的现象中，但是多数人都对此感到无所谓，结果许多的机会就溜走了。

对商人来说，把生意做好做大，不仅要提供物美价廉的产品和服务，还要有敏锐的商业洞察力，能够发现别人所没有发现的商业价值，为己所用，从而创造属于自己的财富。

“商者无域”，做生意就要不拘一格，要有和别人不一样的思维模式。潮汕人头脑灵活，从来不把自己的生意局限在某一个固定的框架内，这使得潮汕人能够在激烈的商战中找到自己的立足之地。正如李嘉诚所说：“精明的商家可以将商业意识渗透到生活的每一件事，甚至是一举手一投足当中去。充满商业细胞的商人，赚钱可以是无处不在、无事不在的。”即便是“垃圾”也能从中寻出宝来。

2.
成功=赚钱+风险控制

忘记控制风险，是最大的麻烦。

——潮汕格言

“忘记控制风险，是最大的麻烦。”从这句潮汕格言中可以看出潮汕人对风险控制的重视。在当今这个竞争激烈的时代，生意场上处处都有风险，但是如果能够把风险控制在一个合理的范围之内，生意才能长久地做下去，企业也才会拥有更强的生命力。

潮汕近海，潮汕人富有冒险的海洋精神，从来就不忌惮危险。商场就是战场，没有非凡的胆气，不敢冒险果断出击，常常会错失良机。与此同时，潮汕人也明白，冒风险并不是盲目瞎干，经商的冒险精神和风险观念是以科学根据为基础的，正是因为有这样赚钱的欲望和风险控制的观念，潮汕商人才能够长久地活跃在中国的大地上，形成独特的潮商文化，并经久不衰。

“不熟不做”反映了潮汕商人谨慎的一面，他们既敢于冒险，又懂得控制风险，将可能发生的风险控制在合理的范围之内，并做好充足的应对措施，这样才使得潮商在激烈的市场竞争中稳健地前行。

敢于冒险是成功商人很重要的品质，但如果把冒险当成孤注一掷的赌博，这样的冒险只能成为鲁莽。如果在冒险之前，能够正确地评估风险，做好风险管理，失败的概率就会大大降低。

潮商认为，各行业赚钱的关键在于“熟悉”二字。只有对某个行业做到一定程度的熟悉，才能弄清其运作的规律，经营起来才会游刃有余。在业务关系和资金比较成熟的时候，成功的概率自然会大大增加。正是坚持“不熟不做”这一原则，使得潮商这一群体几乎无往不利。

20世纪80年代，潮商罗康瑞事业如日中天，他开始多元化投资，将资金投入到其他诸多行业。但由于他对其他行业并不了解，最后只能承担盲目多元化投资的后果，公司亏损严重。

有了这样的教训，罗康瑞决定以“不熟不做”为基本的商业原则，把目光锁定在自己熟悉的地产、建筑业。2005年底，瑞安集团的高层在大连看到了一座屹立于市中心的希望大厦。这座大楼原本是由韩国现代集团投资兴建的，无奈1997年亚洲金融风暴爆发，使得该楼的资金链断裂而被迫停工。

罗康瑞在实地考察了大楼之后，发现它的地理位置很好，只需要投入少量的资金便能投入使用。但是有人预言这次的决策注定失败，因为烂尾楼情况错综复杂，千头万绪，无人敢碰，是房地产行业公认的死结。但罗康瑞依旧坚定地投资，其后带来的经济效益让很多人羡慕不已。

2007 年，瑞安建业将旗下的数家烂尾楼项目打包加入新成立的中华汇房地产公司，随后在伦敦上市。2008 年，中华汇完成多项出售任务，包括北京华普大厦及圣元中心、大连希望大厦等，共盈利 7600 万美元，当之无愧地成为该领域的领头羊。

罗康瑞用自己熟悉产业领域的知识和眼光，给烂尾楼领域注入新的思路和生命力。他用自己的实际行动证明“不熟不做”这一商业理念在商场中是一条金科玉律。

生意场上充满了不确定性，潮商敢于冒险，敢于改变现状，而他们的“不熟不做”则反映了他们的风险观念。不熟悉的不做，行业跨度大，没有优势的不做，即使是多元化，也是同心多元化。潮商喜欢钱，也敢于大胆一搏，但真正做生意的时候，却异常地谨慎，只赚有把握的钱。

在潮汕的方言当中，“活头”是指市场出现的各种各样的变化，而商人要做的就是遇到事情能够冷静思考，审时度势，根据客观情况变化，及时调整发展经营策略。在市场出现热门火爆的行业时，潮商不会随大流，一拥而上。他们对新兴产业会冷静地观察一段时间，等市场的情况明朗之后，才会谨慎进入，这样不仅可以有效地控制成本，还有力地规避了风险。

3.
盈利的前提：选择合适的项目

有时候，选择决定了一切。

——郑翼之

潮商郑翼之说：“如果方向选错了，经营项目不对路，那么你花费再多的时间和精力，在生意上也会毫无建树。有时候，选择决定了一切。”在潮汕人眼中，做生意必须要有精明的头脑，要做好充足的准备。尤其是在创业之初，要对所做的事业做充分的了解和准备，才能开始。

每一个成功的商人都知道：好的项目等于成功的一半。那么，究竟何为好的项目呢？下面将进行具体的讲解。

潮汕人在选择自己的创业项目时非常严谨，会把自身的资金条件和市场进行详细比对，做好充分的准备之后才开始创业。他们在选择项目时也有自己的原则，并不会盲目投资。

很多创业者认为，办企业就是为了赚钱，哪些行业赚钱就做哪些，这种想法过于短视。真正的创业者在刚开始要树立“企业是为解决客户需求才存在”的观点，这样才能确保企业长盛不衰。创业项目是以市场为导向的，投资什么项目不是凭空想象出来的，要从需求出发，根据市场需求来选择自己的创业项目。

市场就好比一个汪洋大海，创业者好比沧海一粟，但每一个人都有自己的优势和劣势，当你对某一行业、某一领域熟悉，又在技术上有所专长时，那才可以说你在这个行业有竞争优势了。

香港“工业大王”郑翼之，兄弟四人艰苦创业，逐步建立起一个庞大的工业王国。在谈到家族生意时，他说当年拆除战舰为他带来了非常丰厚的利润，为他们事业的发展积累了原始资金。

在抗日战争结束之后，香港维多利亚港有很多沉没的战舰和炮弹壳。郑翼之对五金原料比较了解，认为这是很好的原料来源。于是，他向政府申请打捞沉船并向渔民收购弹壳，将沉船拆卸后，便将金属废料制成钢筋，赚得盆满钵满。此外，香港政府还向郑翼之提供 60 元一吨的拆船费，以酬谢郑翼之清理海港的功劳。

正是因为郑翼之有独特的眼光，选对了项目，他不但帮助政府清理了海港，还赚了很多的钱，完成了最初的资金积累。

选择好的项目，有时机的问题，也有眼光的问题。选择朝阳产业，即具有成长性的产业无疑能够让生意越做越大。

潮商朱孟依擅长做大型房地产项目，在广州沿着市政府的区域方向发展，取得了巨大的成功。

20 世纪 80 年代中期，20 岁出头的朱孟依在他的老家丰顺县城成为一名包工头。当他看到很多的人都在自己门前开商铺，使得街道很混乱，形象很差时，就产生了帮助政府建设商业街的想法，于是他开始积极地联系政府并取得了合作。和政府的合作使得朱孟依一举成功，既帮助政府建设了道路，又让自己的腰包鼓了起来。

潮商朱孟依成功的原因就是能够选择政府鼓励的、有发展前景的项目。生意场上的经营活动往往错综复杂，每一项事业的成功，都有许多人际关系在里面。所以在选择项目时，要注重收集政府部门的各种文件和命令。选择政府鼓励的行业，会极大地增加强创业的成功概率。

潮商之所以能够在激烈的商战中百战百胜，就在于他们在创业时能够非常谨慎地选择合适的项目。潮商选择项目时会优先选择有长远发展前景的行业，此外，还要认真做好市场调研，挖掘市场需求，充分利用自身优势与长处量力而行。

4.
现金是王道，兜里的钱才是自己的

百赊唔如五十现，五十唔如廿五便，廿五唔如十五落腰肚。

——潮汕格言

“百赊唔如五十现，五十唔如廿五便，廿五唔如十五落腰肚”，这句潮汕格言的意思是说，赊欠一百元还不如五十元的现钱。潮商喜欢快速结账，强调“现钱买现货——无赊”，他们懂得只有自己兜里的钱才是自己的，重视流动资金。

喜欢快速结账让潮商避免了很多不必要的争执，所谓“思量唔断价，讨钱着相骂”，刚开始没有尽快地结算清楚，以后结账的时候便容易发生争执。另一方面，快速结账能够加快资金周转，提高资金使用效率。在瞬息万变的市场竞争中，只有掌控着现金，才能在必要的时候准确出击，利用资本赚取更大的利润，免得“草粿煮熟，天时变局”。

在市场经济条件下，企业的现金流很大程度上决定着企业的生存和发展能力。即使企业有盈利能力，若现金周转不畅，调度不灵，也会影响企业的正常生产经营能力。资金对于企业如同血液对于人体，血液循环欠佳导致人体机理失调，资金运转不灵造成经营不善。如何保持充分的资金并灵活运用，是经营者不容忽视的大事。

潮商李东生是 TCL 集团股份有限公司的董事长，他曾说：“对一个企业来讲，现金流才是你的生命。”

他在介绍自己的企业时说：“我开始做企业时，对企业的经营竞争力、效益盈利是有概念的，这是一个企业家的一种天然冲动。但我对企业的现金流动，这个对企业有重大影响的因素，体会却不那么深刻。”李东生接着说：“有一段时间，我们企业每年都在盈利，但是企业每年的现金流都是负的。我开始并不以为意，因为我最关心的是利润。但是我有一个很好的财务总监，他再三提醒我，李总，现在企业现金流的情况必须立马要改善，否则很可能会出问题。因为他说企业倒闭，基本上很少是因为企业亏损倒闭的，多数都是因企业现金流枯竭而倒闭的。”

在听取了意见之后，李东生开始逐步改善公司现金紧张的状况。他使企业的现金净增加额增大，企业也就有了更强的活力。而企业的收现能力强，坏账风险小，也能够推动公司的营销能力，这是一个良性循环。

李东生认为，企业的效益和企业的现金状况有很大的关系，“对一个企业来讲，现金流是你的生命，企业整个融资、借贷，还有你自己怎么管理好资产负债率，对一个企业家来说，是非常重要的。所以不能只看利润，一定要控制好企业的整体财务风险，一定要为企业可能发生的困难情况做一些准备。当然，真的发生的时候，要采取一些可能的金融方式来缓解这些问题”。

现金是商人的生命线，手头可供随时支配的货币或活期存款是否能够为生产经营提供足够的抗风险能力，对生意人来说是生死攸关的大事。生意良好运作的时候，要想到现金储备，搞好现金管理，这样才能使企业不断地增强竞争能力。

生命在于运动，财富的生命也在于运动。作为金钱可以是静止的，而资金必须是运动的，这是市场的一般规律。资金在市场经济的舞台上害怕孤独、不甘寂寞，需要明快的节奏和丰富多彩的模式。潮商的金钱法则就是：钱是从流动中赚出来的，而不是靠苛扣自己攒下来的。他们崇尚“钱生钱”，而不是保守的“人省钱”。

5.
剪刀差发财术：低进高出

一个生意人如果不熟悉资本操作技巧，不晓得资本腾挪术实现财富的增值，那么就不是一个合格的商人。

——潮汕格言

“如果说过去是诚信经营、踏实苦干发财的年代，那么今天就是资本致富的时代。一个生意人如果不熟悉资本操作技巧，不晓得资本腾挪术实现财富的增值，那么他就不是一个合格的商人。”赚钱凭借的是真本事，重视的是实际操作，只有把钱实实在在地拿在手里，才是真正厉害的角色。

利用低进高出的剪刀差赚钱术是潮商钱生钱的秘诀之一，怎样才能低价购进，高价卖出呢？这考验着一个商人的真正眼光。潮商在进行投资时，能够看到危机背后的机会，能够在别人不敢尝试时，大胆去投资，从而赚取高额的回报。

剪刀差是指工业品和农产品之间的价格差距有日益扩大的趋势，如果把这一现象用图表示出来就像一把张开的剪刀。潮商利用“剪刀差”做生意，他们将廉价的物品购入，待时机成熟或是将其处理加工后再出售，赚取其中的利润。

在很多人看来，“低进高出”是投机者的伎俩，远不如踏踏实实地经营来得舒畅。而在潮商看来，这是一种最基本的经营模式，也是考验商人商业眼光的重要方面。

多年来，财富和荣誉一直与潮商李嘉诚如影随形。李嘉诚的发家史可谓是一部活生生的资本运作案例。

1958 年，正是二战之后房地产市场衰退的低潮时期，而李嘉诚却看准香港人口增加、经济增长的发展势头，断定地产会大幅度升值，便以低廉的价格购得土地。

1958 年李嘉诚在繁盛工业区北角购地兴建 12 层工业大厦，1960 年在新兴工业区柴湾建工业大厦，面积共计 12 万平方英尺。他不搞销售，而是兴建收租物业，结果地升楼贵。

1967 年，受“文革”的影响。香港的氛围也是浓雾弥漫，一时间谣言四起，人心浮动，很多房地产商廉价出售房产，房地产行情一落千丈。但是李嘉诚相信香港的未来是光明的，他经过深思熟虑后，果断地采用人弃我用的经营策略，趁低收购廉价的地产物业。

他将买下的旧房翻新出售，又利用地产低潮，建筑费用低廉的良机，在地盘上兴建建筑业。1970 年后地产行业行情兴旺，李嘉诚的收租业务从 12 万平方英尺发展到 35 万平方英尺，每年租金收入 390 万港元，他从此步入富豪的行列。

李嘉诚这种人弃我用、低进高出的经营策略使他能够名誉、金钱双丰收。这些财富的背后不仅仅是精明的眼光，更多是大胆的决策和精准的经营策略。

6.
生意的本质即资金周转

货如轮转利就生。

——潮汕格言

“货如轮转利就生”，这句潮汕格言说的是货物如果能够循环流动起来，资金也就能够周转开，自然而然就能赚钱。注重效率让潮商在相同的时间内获得更大的利润，迅速地积累了资金。

潮商很少有囤积货物、哄抬物价的行为，他们看重的是旧的货物能够尽快卖出去，换回现金，再购入新的货物，虽然利润可能较小，但也能很大程度上减少风险。而且，快速的循环不止，“货如轮转利就生”，其利润也就不小了。

资金周转是指，企业的资金在购进商品时由货币形态转化为商品形态；随着商品的销售，购买商品所垫支的货款得以收回，企业的资金又从商品形态回归为货币形态；企业资金的转换和回归，随着商品流转的不断进行，周转复始。

企业要想提高经济效益，就必须加快资金周转的速度。企业所拥有的资金越多，对企业资金的周转就越有利，而企业资金周转流畅，也能为企业经济效益的良好发展提供重要的保障。

宏碁电脑董事长施振荣在少年时代，曾经帮助母亲卖鸭蛋和文具。鸭蛋3元一斤，只能赚3角，只有10%的利润，而且容易变质，没有及时卖出就会坏掉，造成经济上的损失。文具的利润高，做10元的生意至少可以赚4元，利润超过40%，而且文具摆着不会坏。看起来卖文具比卖鸭蛋更加挣钱。

但事实上，施振荣后来在谈经验的时候说，卖鸭蛋远比卖文具铮的钱要多。鸭蛋的利润虽然薄，但最多两天就周转一次；文具的利润虽然高，但是要半年甚至一年才能把所有的文具卖掉，资金才能周转一次。这样不仅挤压成本，而且利润早就被利息腐蚀一空。鸭蛋利薄多销，所以利润远远大于周转慢的文具。

施振荣把卖鸭蛋的经营理念运用到宏碁的经营当中，建立了“薄利多销”的模式，即产品的价格要比同行的价格低。这样虽然获得的利润较低，但是能够吸引更多的客户，库存减少，资金的周转速率加快，经营的成本也就大大降低，获得大于同行的利润。

企业的生生死死，常体现在库存和资金周转这两个核心环节上，精明的潮商能够让手里的资金活起来，加快资金的周转，从而赚取更多的财富。

在潮汕有这样一个故事：潮商李晖偶然得知彩电巨头长虹要降价，直觉告诉他这是一个赚钱的好机会。但是公司的仓库里存了去年滞销的 300 多台空调，牢牢地压死了 100 多万元现金，账上几乎已经没有可以流动的资金。

在银行贷款行不通的情况下，李晖想到了典当。他想，如果典当行能够以合理的价格接受自己的空调，那也许就能筹来做彩电的资金。

李晖到一家典当行交涉，经过一场苦口婆心的沟通后，典当行同意了。典当期为一个月，空调以八折典当，但月费用为典当价格的 5%。但李晖还是决定将空调典当，换取现金。他将300台空调运进了北京市金宝典当行，半天之内，80 万元的现金就到了他的账户上。然后李晖用这笔钱来做彩电的生意，净赚 20 多万元。一个月后，空调的旺季又到了，李晖用赎回来的空调又赚了一笔。

潮商善于让沉沦的资本重新流动起来，现实中很多生意人都会遇到这样的难题，旺季已经结束了，但是手里还有很多货没有处理掉，资金盘不活，下一单的生意就会缺乏资金来运作。潮商善于做的就是让手里积压的现货变成现金，让资金周转起来，只有这样，企业才能在激烈的竞争中立于不败之地。

企业运营的本质就是资金的周转，对于一个企业来说，资金是血液，企业是肉体，只有血液循环流动起来，肉体才会有生命。富兰克林说过：“金钱可生金钱，再生的金钱又可再生，如此，五先令经周转变成六先令，再周转变成七先令三便士，如此周转下去就可以变到一百英镑。”随着近代工商业的大规模化发展，商品的生产周期、商品的流通速度与资金周转速度对企业获取利润起着越来越重要的作用。

7. 永远不把鸡蛋放在一个篮子里

做生意最重要的就是控制风险，最有效的途径就是分散投资。

——潮汕格言

“分散投资”是潮商普遍认可的经商理念。可以这样说，很少有潮商会在“在一棵树上吊死”。分散投资，不仅指把资金财力投到不同行业，也包括把同一行业扩展到不同区域和不同的消费层次。这样可以有效降低风险，避免出现“一招不慎，满盘皆输”的被动局面。

潮汕人做生意绝对不会把“所有的鸡蛋都放在同一个篮子里”，表现在投资上，他们一般采用稳扎稳打的方式，运用组合的手段，将风险降到最低。

世界上还没有任何一种商业模式可以做到“只赚不亏”，但是通过资产配置，确实能够防止出现“一荣俱荣，一损俱损”的状况。

追溯“资产配置”这一投资规律的历史，在莎士比亚的《威尼斯商人》中，安东尼奥便是这一规律的坚定执行者。在剧幕刚刚开场的时候，安东尼奥便有这样一幕自白：“不，相信我；感谢我的命运，我买卖的成败并不完全寄托在一艘船上，更不是倚赖着一处地方；我的全部财产，也不会因为这一年的盈亏而受到影响，所以我的货物并不能使我忧愁。”

不把自己所有的买卖都依赖在一处地方，更不把自己生意的成败寄托在一艘船上，这不正是资产配置理论的最好注脚吗？

李嘉诚每隔几年就会来一个大重组，把长江集团下属各企业、各种业务打乱了重新编队。作为一家巨型跨国企业，保守稳健是非常重要的，也许本当忌讳大调整、大波动，可为何长江集团又把重组当作家常便饭呢？

研究一下李嘉诚的几项业务，便可发现：无论是其产业领域还是地域，都分布广泛，即便某个领域有风吹草动，也不会影响其整体的收支水平。

单一地来看其中一个业务，当这个业务很好时，可能人员、场地、现金什么都不够用，甚至无法正常运作；或者其中的一个业务能力严重衰退，自身难以为继。但把七项业务放到一个坐标系里考察，就可能出现戏剧化的场面：七大行业形成了严密的互补关系，综合起来，增长率就变成一个十分稳健的数字。

所以，李嘉诚降低经营风险的秘诀就是把风险分散，也就是“把鸡蛋放在不同的篮子里”。但不同的是，李氏的多元化做得有计划、有条理，不是盲目地看到哪里赚钱就往哪里投点钱。

他分散风险的策略有这么几条：一是收购或从事低相关业务，分散风险，七大行业无论是产业领域还是地域都分布广阔；二是收购或从事不同回报期业务降低风险，短期回报的业务如零售、酒店等，其盈利波动，但好处是经济景气时获利丰厚；长期回报的业务如基建、电力等，好处是收入稳定；三是收购或从事稳定回报业务来平滑盈利。稳定回报的业务，能提供稳定的现金流，有助于“兄弟单位”的业务发展，整个集团遇到困境时也能提供援手，还能使财务报告比较好看，借贷、集资都拿得出手。

充分地分散投资风险之后，虽然不会遇到最好的情况，但也不会遇到最坏的情况。而这种稳健的、持续的盈利模式何尝不是最好的呢。

潮商能够走出中国，走向世界，靠的就是稳健的投资。“不把鸡蛋放在同一个篮子里”是潮商宝贵的经验，也是所有商人的一条成功哲学。要想成功，就要掌握这条商业法则，并运用到实际的经营管理当中。

8. 理性决策，投资的第一步

经商不是赌博，不是摸彩票。

——李焕民

选择经营项目，一定要理性，进行科学的决策。潮商李焕民说：“经商不是赌博，不是摸彩票。”作为一个优秀的商人，经商要有 95% 的概率成功，而不是成功和失败各占

50%。一个企业能否成功，与决策者有很大的关系。

在潮商的眼里，以赌博的心态去经商，没有不赔的道理。商界有一句话："成功是 100 个因素共同作用的结果，而失败只需要一个因素就够了。"成功来之不易，所以任何人经商，都应该注重决策的科学性和合理性。

在激烈的商业竞争当中，潮商能够把生意做得风生水起，有声有色，就是因为他们能够在决策的各个环节坚持把握大局，懂得规避各种风险。经商不是赌博，要想自己的生意能够长久地做下去，就一定要克制自己的投机欲望，避免短期行为。

安东尼·罗宾说过："当你做出决定的那一刻，人生就已经注定。"对于经商者来说，理性的决策在事业中有着不可估量的影响。

决策对企业有着不可忽视的影响，而决策者需要从各个抉择方案中选择一个方案，作为未来行为的指南。在决策之前，要进行研究和分析，没有决策就没有合乎理性的行动。而决策者是计划工作的主导，是进行组织、人员配置、指导与领导、控制等工作的基础。

英国著名管理学家西蒙说："管理就是决策。"可见决策是各级各类管理人员的首要工作。对于每个主管人员来说，不是是否需要做出决策的问题，而是如何使决策做得更好、更合理、更有效的问题。不同层次的决策，会有不同的影响：小则影响管理工作的效率，或企业的成败；大则关系到每一位员工的生存，或给社会造成何种影响的问题。因此，改进管理决策，提高决策水平，应当成为各级主管人员经常注意的重要问题之一。

在潮商看来，一名成功的商人要想做出正确的决策，必须要具备以下五种能力：

第一，提出问题的能力，能够及时发现经营管理中存在的问题，并科学地将其分类。

第二，分清哪些问题是由上层决定，哪些问题是由中层决定，哪些问题是由下层决定。

第三，能够从全局出发，将目前公司所面临的问题加以筛选，把那些对公司有重要影响的问题重点解决。要有解决问题的能力，在众多的解决方案中将最优的挑出来，并与其他专业人员商量讨论什么才是最好的解决方案。

第四，要有检查决策实施条件的能力。新工艺或是新竞争者的加入，都会引起市场环境的变化。因此，管理者要随时根据市场的要求调整决策，及时地修正，以确保决策能够顺利执行。

第五，市场瞬息万变，这也需要决策者能够在很短的时间内做出决策，如果反复推敲只会延误时机，这时候就要求决策者用自己的直觉来判断。这种直觉是经营者长期积累的经验和应变能力。

做生意不能只追求发展，还要进行危机分析，积极防范经营风险，并制定相应的危机策略与应急措施。风险不是凭空而来的，它往往与日常的管理经营息息相关。潮商认为，在选择项目时，要摸透政府的政策动向，然后再决定自己的经营目标，这样才能走在别人的前面，获得丰厚的利润。

9. 投资人要打漂亮的“游击战”

什么赚钱就卖什么，别在一棵树上吊死。

——潮汕格言

潮商做生意会灵活变化，不会在一棵树上吊死。人们在谈论经商时，往往会把专注力放在很重要的位置，但对于一些投资小、季节性强的生意而言，如果能够加快商品的流动性，加快资金周转，使投资项目多元化，也不失为一种发财的良策。人们形象地将这种投资方式称为“游击战”经营术。

潮商在选择经营项目时只有一个原则，那就是能否赚钱。如果一个项目已经不能为投资者带来好的经济效益，或是市场已经饱和，潮商会毫不犹豫地选择新的、有潜力的项目。低成本投资重在一个“活”字，市场的行情变了，一定要积极寻找新的利润点，掌握好“游击战”的经营策略，也是一条获得成功的途径。

在竞争激烈、流星四落的商场中，潮汕人却能够将生意做到世界各地，他们凭借坚忍、耐劳的精神被喻为“东方的犹太人”。潮汕地区因地理原因，人口众多而资源匮乏，因而他们在农业上精耕细作，在手工业上精雕细琢，在商业上更是精打细算，极善经营。

严酷的环境迫使潮汕人学会变通，不至于陷入自己的一亩三分地中。潮汕人做生意的变通表现在开店方面，就是随时准备变化，灵活适应市场。

比如，当一个新楼盘盖起来后，潮汕人会针对新房家庭的需要，联合起来在一条新街上开一系列商店，如装饰材料店、五金店、窗帘店等等，这样店面服务与产品互相补充，互相带来人气。但是往往过了一两年之后，他们会将这些店铺改头换面，又变成药店、餐厅、发廊等，以适应住户新的需求。而且潮汕人喜欢互相分享信息，分享成功的经营经验等，这样他们会对一些资源的把握更加精准。

潮商往往能够更快地看到市场需求，从而迅速地改变自己以适应市场。潮商通过这样灵活变通的方式来适应不断变化的市场需求，以此发家致富，并在激烈的市场竞争中立于不败之地。

潮商张庆杰是深圳小有名气的建筑材料商，在此之前，他已经换了十多种行业，逐渐积累起原始资金。张庆杰说：“做企业不能太死板，如果有新的业态出现，就必须有所变化，要盯住市场的最新变化，商人永远都在寻找商机。”

张庆杰出生于广东省潮阳县港头村，于2002年创办了乐安居商业有限公司，至今发展了八家乐安居分店以及一家装饰公司，他为乐安居商业有限公司董事长。

张庆杰白手起家，从卖水果到摆服装地摊，再到今天开办建材超市，十多年间生意越做越大。张庆杰说：“我总是在一个产业刚刚出现下滑趋势时马上转型，这样才能够时刻把握住市场动态，因此才能够不断发展。”

“我有一个生意经：本小利多利不多，本大利小利不小。这怎么理解呢？比如，我最初的服装生意，虽然本钱小，利润比较高，但由于投入成本少，整体的收入也就不高。现在我开办乐安居这种上万平方米的大商场，尽管投入大、利润低，但整体收益也多了很多。”

张庆杰是个有心人，随时都在寻找商机。1997年，在服装生意利润下降的时候，张庆杰考虑转行了。“随着资本积累到一定程度，你就要发现一些新的行业，这行业是在你的本钱控制范围内，同时又能够使资本增值的。”

1997年，珠宝和小家电生意很好做，很多到深圳的游客都喜欢到沙头角买相机、黄金项链等商品。于是，张庆杰便在沙头角做起了珠宝生意。2000年，他又以980万元拿下了赛格广场的几间铺位。“那时就是看好了华强北的物业肯定会升值，现在证明我的眼光是对的。”

当年和张庆杰一同创业的人当中，有的还在继续做着小本生意，有的发财后投资失误而损失惨重。唯独张庆杰，基本上进入一行，就旺一行。2000 年，他在南山找到一块约两万平米的地块，本想做百货超市，但那时南山大批楼盘都还没建起来，显得很荒凉没人气，不适合做超市，其他行业又不太熟悉。“最后，我们调查了一下，发现南山还没有一个大型建材市场，周围又有大量楼盘在建，觉得建材市场应该很有潜力，于是干脆决定自己做建材超市。”

不论是商品还是服务，最终都要接受顾客和市场的检验，企业这时候就要根据市场的需求及时调整自己的战略，妥善处理企业面临的各种问题，抓住时机，创造新的利润。

大多潮汕商人都和张庆杰一样，起初做的都是小本生意。这种生意最大的特点就是非常灵活，他们会主动寻找能够赚钱的项目，当手中项目效益不好时，他们又会及时寻找退路，所以潮商很少会有血本无归的时候。

瞄准市场，灵活投资，即便是小本经营也能够赚取大钱。当市场需要水果的时候，就去投资水果摊；当市场需要元宵的时候，就去投资元宵。低成本的投资总则是一个“活”字，经营活起来了，金钱也就自然而然地来了。

10.
重视每一分钱的价值

富从斗升起，穷因弃小钱。

——潮汕格言

“富从斗升起，穷因弃小钱”，短小精悍的一句潮汕格言精准地概括了潮汕人的金钱观。在潮汕人眼中，每一分钱的价值都值得重视，富贵是从珍惜斗升之米开始的，而贫穷同样始于浪费了毫厘小钱。

在很多人看来，“做一些小本生意没有多少利润，有时还不如给人打工赚得多，别总指望着做生意发财致富”。但潮汕人却有着截然不同的观点，“做生意就是为了赚钱，能多赚一分钱就多赚一分钱。生意虽小，市场却大，只要市场做大了，小生意也能挣大钱”。

所谓“能挣一分是一分”，当然并不是指的“唯利是图”，而是“微利是图”，因为积少成多才是长远的生财之道。

潮汕人做生意，秉持能挣一分是一分的理念，素来从小处着手：

卖纽扣，每枚利润只有几分钱，潮汕人干；

卖发卡，每个利润只有 2 毛钱，潮汕人就干；

卖袜子，每双利润只有 5 毛钱，潮汕人也干；

卖服装，每套利润只有几元钱，潮汕人还干。

这些小生意在很多人看来挣不到多少钱，但潮汕人不仅在做，而且还做得有声有色，把小生意做成了大买卖。他们重视每一分钱的价值，才能把小生意做成大生意。

潮商素有“东方犹太人”的美誉，他们骨子里就是经商的能手，一些看起来没有赚钱门道的营生手段到了他们手里也变成“香饽饽”，这其中有着很深的学问。潮商素来以精明为人们所称道。为了赢得客户的信任和好感，精明的潮商会慷慨地让出小利，有时甚至会吃点小亏，其实这既是一种“每分钱都花在刀刃上”的金钱观，又是一种“放长线钓大鱼”的营销策略。

财富通常是一点一滴积累起来的，特别是在缺乏原始积累、资本微弱的创业阶段，若只想着“人无横财不富”，不愿意积少成多，那恐怕只能“唔积全无”。潮汕人深谙“错碎扑克胶郎”（将零碎的东西收集起来，凑成整数）的道理，许许多多的潮商正是靠着勤俭节约、点滴积累而白手起家的。

随着市场竞争的日益激烈，利润也逐渐趋于微薄，如果不节约成本，常常会陷入“赚有唔住”（赚到了钱，但成本过多，入不敷出）的境地。在节约成本方面，潮汕人做到了极致，他们“卖缶食缺，卖草席睡草席蒂”（卖瓷器的用缺损的碗吃饭，卖席子的睡卖剩下的烂席子），每一分都不舍得浪费；他们采用“货头货尾，半卖半送”的销售方式，把所有商品都销售出去，达到利益的最大化。

潮商蔡冬青说：“生意再小，也有盈利的机会，最重要的是你用心去做，用了心，就能抓住门道，小生意也能撑起门面，让你发家。”

蔡冬青刚开始创业的时候，用 800 元购置了一台老式注塑机，开始生产塑料小喇叭。虽然是小生意，但是蔡冬青非常认真地做这件事，他甚至跑到小孩子中间，观察他们喜欢什么样的玩具，然后回来改进自己的生产工艺，受到了消费者的认可。

蔡冬青的家庭小作坊极其简陋，但是效益却很好。道理很简单，他充分地研究顾客心理，找准产品的市场定位，所以初涉商海就取得了成功。

精明的潮州商人懂得积少成多的道理，认为“每一分钱只有花在刀刃上”才能体现其价值。他们懂得算小账，同时更懂得算大账，在商场中是最懂得把握分寸、掂量轻重的人。可以说，正因为他们懂得在小利上吃亏让步，才获得了后来的财富，并为做大买卖打下了基础。

第五章

潮汕人有和你不一样的人脉观

1. 有人脉，才有财脉

众人一条心，田涂变成金。

——潮汕俗语

“众人一条心，田涂变成金”说的是，大家齐心协力，田涂也会变成金子。做生意也一样，如果有众多人帮助你，再大的困难也会变得容易解决。很多时候，人脉就是财脉，有了人脉，生意也就好做了很多。

有一位潮商说：“人在落魄时得罪了人，可以在得意时弥补；人在得意时得罪了人，却不能在落魄时弥补。做生意，就是求一个‘和’字。如果处处和别人过不去，那么自己也就无路可走。”拥有好人缘，朋友遍天下，是潮商最重要的一个商业传统。

在进行商业活动时，很多人为了自己的利益而得罪了不少人，甚至采取不正当的手段损害别人的利益。也有很多人做到了左右逢源，人缘和口碑皆为好评，甚至与竞争者相处得非常融洽，这为他们以后的经商之路做好了铺垫。

两种截然不用的商业态度当然会造成不同的结果，那些口碑极好的商人自然能赢得更加广阔的市场和更多人的帮助；而那些为了自己的一己之利而牺牲别人利益的商人，路子自然也会越走越窄，无法将生意真正地做大。

潮商就是这样一群聪明的人，无论做人、做事还是做生意，他们都与人为善。因此，他们的社交总是非常的广，好的口碑也会为他们赢来更多的生意。

潮商认为，大家为了赚钱走到一起，能够做生意，自然很高兴；但是没有达成交易甚至会散伙，也不必成为仇人，多个朋友多条路，最重要的是好聚好散，这就是“买卖不成，仁义在”的潮商哲学。

原汕头总商会会长郑定平说：“不单单是资金，还有人脉资源。潮汕人在各地落地生根，参与当地社会建设乃至进入政坛，这些都给后人到海外发展提供了很好的‘地利、人和’的条件。”人脉的积累不仅仅在于一种横向的发展，更会产生一种纵向的影响力，这种好的人脉关系会直接影响一个企业的发展。

好的人脉关系能为经营者提供方便和支持，使他们在竞争中获得更大的优势，得到意想不到的机会。新加坡华人企业家连瀛洲是潮商的代表人物，他的成功很大程度上是依靠“人和”所带来的便利。

连瀛洲在创办华兴公司时，非常不走运地遇上了经济危机，整个世界市场都处于一种萧条的状态，然而华兴的生意却能顺利运转甚至可以说还很兴旺。这并不是出于偶然，而是连瀛洲的为人和诚信让华兴的产品赢得了当时新加坡、马来西亚驻扎英国军队的信任，拿到了英军驻军食品供应的合约。

连瀛洲骄傲地说："我的价格可能比别人高，但英军驻军还是会选择我，因为我服务好，品质有保障，而且为人也诚信可靠。"这就是商人个人魅力所带来的人脉效应。连瀛洲以自己的为人赢得了信任，得到了方便和支持，财路自然也就顺畅起来。

正是因为看重人情关系，百年来，潮商在世界各地落地生根，很好地融入到当地的生活当中去，并取得了令人瞩目的成就。正是这种长期积累下来的人脉资源，支撑起一代又一代潮商走向世界，建立起庞大的商业版图。

现代商业竞争当中，速度是很重要的因素。潮商能够以最快的速度把握商机，就是因为他们在各个领域都有自己的信息渠道。在喝茶谈话间，他们就能从中发现最新、最重要的商业信息。人脉广就意味着信息灵通，在信息时代，人脉就是抢占先机的重要保障。

商人之间的关系大多由业务发展而来，在相互交流的过程中，双方不仅会在利益上相互依存，还会在感情上相互信任，这是一种商人之间天生的心理认同感。天性让我们自然而然地照顾自己人，这在商场中同样适用。潮商非常注重发展广泛的人脉关系，习惯利益共享，将有共同利益的朋友变成一个共同的利益集团而不是竞争对手，这让他们在商业竞争中几乎无往而不利。

人脉等于渠道，也等于帮助，更等于共赢。一个商人就应该像潮商那样做到圆通有术，左右逢源，从而编织出一张广泛的、丰富的关系网。有了这样的人脉关系，生意就会灵活、方便，做事轻松简单，机遇和成功也会随之而来。关系不是金钱，却胜似金钱；不是资产，却形同资产，而且升值空间十分广阔。

2. 人才是一种高级人脉

尺布恶挡风，独木不成林。

——潮汕俗语

“尺布恶挡风，独木不成林”说的是，仅仅凭借一个人的力量，很难成就大事。想要把事业做大，就需要让众人帮你。而企业内如果能有几个行业顶尖的人才，那便是企业最值得保护的财富。人才不仅能为企业创造高额的利润，而且是企业的核心竞争力，是经营者的左膀右臂。

想要把生意做大，单靠一个人的力量是远远不够的，潮商会做生意，首先体现在他们会搞好自己和员工的关系，用“物质激励”来提升员工的忠诚度。

很多潮商认为，“人才”等于“钱财”，好的人才能为公司创造巨大的经济效益，推动企业向前发展。对于如何留住人才，他们认为，“良禽择木而栖，良臣择主而仕”，必须为员工提供良好的“福利待遇”，才能留住人才，才可能把生意做大。

近代越南潮商郭琰在工贸实业界取得了巨大的成就，而这一切与他的“善于用人”是分不开的。早年走街串巷的贩卖经验让郭琰认识到，单靠一个人的力量是非常有限的，想要把事业做大，就要有可靠的人来帮助你。为此，他十分重视诚信待人，关心体贴所用之人。他聘用的所属各公司经理，皆有较高的业务才能。而他对被聘用的经理和业务骨干，薪金一律从优，因为他认为“必须使彼等无内顾之忧，方能尽心为我办事”。

郭琰中年以后双腿病情加重，已经不能独立行走，于是他把办公室搬到了自家的楼，躺在床上指挥全局。每天早晨，各公司的经理汇聚到郭琰家楼上接受任务，这其中包括货物的进出、资金的周转、轮船的调遣和行情的操纵等，所有事情有条不紊，安排得条理清晰。各位经理秉命而行，业务进展顺利，就这样坚持了 10 多年之久。郭氏的经营管理才能和用人之道可见一斑。

很多潮汕人都和郭琰一样，在生活中很节俭，毫不铺张浪费；但是在犒赏员工时，他们却出手大方，毫不吝啬。对那些共同奋斗的员工，他们更是以兄弟相待。

道理其实很简单，员工是“经济人”，他们不仅需要维持自身的需要，还需要扮演父亲、孩子、朋友等多种社会角色，而薪酬是员工获取生存和发展的根本物质保障。员工通过自己的努力得到丰厚的物质奖励，这不但直接体现了他的价值，更能从根本上调动他的积极性和创造性。

有才能的员工付出艰苦的努力并取得出色的成绩之后，却没有引起领导的重视，没有得到期望的奖励，那无疑是令人沮丧的。如果这种状况得不到及时改善，大家一起吃大锅饭，做多少事情最后得到的都是一样的，那些业绩优秀的员工也会变得消极，最终损失的还是企业本身。

一个公司理想的运营状态是，在其中工作的每一个人既是一个独立的个体，有自己的思想和目标，又是和公司联系在一起的命运共同体，个人需要依靠公司才能实现自己的目标，而这目标又与公司的目标结合起来，也就是所谓的“一荣俱荣，一损俱损”。

3.
从“商会”中发掘商机

筹建同乡团体能够“联络乡谊，增进感情”，“舆情得达，公益可兴”。

——林义顺

有潮人的地方就会有潮汕会馆。目前，各种互助性质的潮人团体超过300个，而这些团体通过“国际潮商联谊年会”、“国际潮青联谊年会”和“潮商大会”等组织，发展友谊，共谋大计。

在商会搭建的舞台上，潮汕人既可以续乡谊、寄相思，还能谈合作、聊买卖，扩大交际圈。潮汕人自觉的团队精神，使潮汕商会的数量和质量不断提高，也使世界各地的潮商有了一个沟通交流的机会，互相帮助，由此潮商群体的资本不断扩大，拥有了与对手相抗衡的能力。

在商会的组织下，潮商定期聚会，大家各抒己见，把第一手的市场信息和商业情报拿出来探讨，交流经商心得，并从中发现商业机会。

在遇到大生意或需要大笔资金的时候，潮商可以直接找到商会，从中借贷，不仅方便快捷，还节省了时间和交易成本。

潮商大会的发起人郑定平说："潮商大会就是要打造商机互动、信息共享的潮商共享平台，让海内外潮商找到一个交流商机的平台。定期举行聚会，加强联络，交换意见，密切关系，是潮商商会的宗旨。在这里，大家团结协作，共谋发展，真正地壮大了自我，帮助了别人。"

游德武出生在潮阳的一个商贸世家，家族世代都在香港经商。新中国成立前，他父亲回到家乡。在结束了动乱年代的岁月后，游德武与那一代的年轻人一起，迎来了中国改革开放的大好时光。

20 世纪末，年轻的游德武独自来到武汉，从事建筑行业。随着香港回归的脚步临近，游德武敏锐地把目光投向这颗东方之珠。他在香港从事对外贸易，完成了资本的原始积累。

后来，他从香港回到广州，投资房地产。起初由于缺乏资金，他向潮汕商会寻求帮助，在商会的帮助下顺利筹集到资金，进行房地产投资。他开发的位于广州大道北的大型商住小区怡新花园楼盘，推出后取得了巨大的成功。之后，他希望能为潮商做出自己的贡献，在众望所归下，当选了广东潮汕会会长。

"我们生于斯长于斯，对家乡一草一木有着深厚的感情，希望能为家乡做点事情、做点贡献。"游德武满怀深情地说。

游德武说，商会就是一个做生意的平台，它能把分散的资本力量集中起来，共同做一些大项目。潮商内部的资金是互相支持的，哪个企业资金缺乏了，可以内部想办法互相调用，由潮商会做担保，这就是互相支持的平台。

做生意在很大程度上就是做关系、做人脉。团结协作的潮汕商人懂得人脉关系和互相支持的重要性，于是商会成了他们一个互通有无的平台。在这里，潮商不仅可以结识更多的朋友，还能开阔视野，对微观商业环境有一个真切的认识和把握，而这一切对做好生意都是重要的参照。

4. 互相提携，发展宗族生意

在“自己人”中发展合作关系，节省了成本，降低了风险，可以说是一本万利的好买卖。

——陈振敬

不可否认，同一个行业里做生意的人，彼此之间会有利益上的冲突，很容易成为竞争对手。但在现代市场环境中，“竞争”已经成为落伍的观念，“竞争合作”才是企业发展的真谛。合作能更好地维持商业活动的开展，孤家寡人无法打开局面。

潮商有互相提携的宗族文化传统，这既是潮汕宗族文化的一部分，也是潮商经商艺术的重要内容，君子之争，同行同利。

鸦片战争后，迫于生存压力，潮汕人纷纷到海外谋取生存，潮汕地区也因此成为重要的侨乡。在社会动荡的年代，外出闯世界很难一帆风顺，想要翻山越海，就需要面对极其复杂的自然环境，甚至有丢掉生命的危险。

经历了海洋的洗礼之后，潮汕人将与海洋斗争的精神逐渐纳入到自己的品格当中。作为海洋的开拓者，他们敢于拼搏冒险，崇尚征服命运，勇于抓住任何可能改变现状的机遇。由于个人力量难以抗衡大海的波涛，他们更加重视团队的力量，尤其重视与自己一起闯世界、有着深厚血缘与地缘联系的宗族关系。

做生意是一种竞争性很强的商业活动，正所谓“同行是冤家”，但是潮汕人却坚持同宗之间互相提携的原则，共同分享生意带来的红利，这不但没有降低他们的收入，反而能让潮汕人在某一领域共同占据市场，把蛋糕做大，这样个人的利润自然也就上去了。

在潮汕地区的宗族构建过程中，本地人通过宗族构建来提高自己的竞争力。同样的道理，出外经商和移民的潮汕人也善于利用乡族认同的文化传统来加强自己的力量，站稳脚跟，谋求发展。

在某个地区或者某个行业内，单凭自己的力量很难取得竞争的相对优势。通过同宗同族人的相互提携，可以更好地面对不确定性的市场环境，共同占据更大的市场份额，掌握该行业的话语主动权。

潮汕人能够完成大规模的海外移民，除了基于他们敢于拼搏冒险的精神外，更依赖于他们彼此帮衬互助的传统。后去的投靠先去的族人，没基础的投靠有基础的，这样就能有一个安全、稳定的落脚点，再谋发展就比较容易了。那些在海外站稳脚跟的商人，也会主动介绍自己的宗党乡人前往谋生。

潮汕人有很强的团结协作意识，他们互相帮助，在商业贸易中形成一个互信的商业网络。大家互通有无，彼此支持，在合作中一步步把生意做大，这是潮商成功的秘诀之一。

5.
想要财源广进，巧用“家己人”

家己人。

——潮汕俗语

外地人对潮汕人最直接的印象莫过于“家己人”（因读音关系，许多人把“家己人”写成了“胶己人”）这三个字，他们赞叹于潮汕人的团结，而对于“家己人”深层的文化意义，却不是很了解。

潮汕人的历史是一部移民的历史，一部艰难开拓、努力拼搏的历史。“家己人”三个字蕴含着潮汕人的许多乡情，“在家千日好，出外确实难”，所以在海外艰苦的打拼“家己人”见到“家己人”总是分外地亲切。“家己人”三个字又蕴含着许多的乡愁，“人地生疏，番仔擎刀”，所以“家己人”只能更加团结，当“家己人”有困难时，其他的“家己人”便会义无反顾地去相助。

出门在外的潮人称自己的老乡为“家己人”。尽管大家萍水相逢，但一声乡音入耳，一杯功夫茶入口，便会让原本陌生的两个人放松警惕，热络起来。

“同是天涯沦落人，相逢何必曾相识。”出门谋生的艰难，使得潮汕人更加强烈地意识到团结的重要性。于是，大家形成一种默契，只要是“家己人”，都会给予信任，竭力帮助，努力达到生意上的合作。对潮商来说，找到“家己人”，就找到了生意伙伴。所以，在商业竞争中，相信“家己人”的潮商总能以“作战兵团”的面貌出现。

早年，潮商依靠远洋运输起家，这一行业投资大、风险高，但利润也高。为了降低运营风险，潮商逐渐形成了风险共担、利益均沾的合作伙伴关系。特殊的行业使得潮商必须超越家族之间的血缘关系，在乡缘认同的基础上建立起严格的商业信用和团队协作意识。

社会学大师科尔曼说：“社会资本是人们在社会结构中所处位置给他带来的资源，与物质资本和代表知识及技能的人力资本相比，社会资本因为源于人与人之间的关系，比人力资本和物质资本更不具形，所以容易被人们忽略。”

按照科尔曼的解释，潮汕人之间互相信任“家己人”传统，给潮汕人带来的就是一种高效的社会资本。

科尔曼曾研究过纽约的砖石批发市场，发现这里的经营者主要是犹太人。而且，这些犹太人大多互相通婚，主要居住在布鲁克林的相同社区，经常去相同的教堂。科尔曼说，这些犹太人相互熟悉信任，大家实际上组成了一个封闭的社区群体。在他们之间，几十万甚至是数百万美元的生意都不用办任何手续，完全依靠信任。

犹太人依靠家族、社交等纽带联系在一起，能轻松地进行大宗钻石生意，简化交易成本，提高运作效率。如果有人因贪心而失信，就会被整个业界抛弃，甚至失去所有的家族和社会关系，最终自绝于这个群体和钻石交易行业，这也是他们能够占据这个行业的重要原因。

科尔曼提出“社会资本”，强调的是一个特定人群或社区中人与人之间的密切关系，以及由此带来的对违规行为的自动惩罚机制和互相之间的高度信任。潮商把老乡看做“家己人”，就是一种“社会资本”的确立和认同。而他们能够建立起这样的关系，与潮汕人互相团结的传统有关，这样的文化传统让潮商能够互相信任，更容易比其他人建立起合作伙伴关系，也因此赢得了巨大的财富。

6.
别跟同行做冤家

买卖唔成人情在。

——潮汕俗语

潮汕人以团结互助闻名，善于通过合作来发展事业，在新加坡潮人中流传着这样一则佳话：两位老乡合作开办企业，后因性格不合发生争执，见面彼此都感到难堪。于是，当一方在新加坡时，另一方便主动离开新加坡，而当他回到新加坡时，原来的一方也主动离开，两人至死都没有再见面，但两人共同开办的企业却一直没有拆分。

潮汕人重人情，重和气，“买卖唔成人情在”，他们喜欢用平和的方式来解决问题。这样一方面避免了资源的浪费，另一方面也给彼此留了面子，大家各退一步，为下次合作留下余地。

潮商的竞争哲学是宁失利益，不失关系，哪怕这个关系仅仅维持在和平共处的层面上。因为钱失去再多，还是有机会挣回来的，一旦失去朋友或是伙伴的关系，就很难弥补。一个破裂的、结怨的关系就如同一把悬在商人头上的达摩克利斯之剑，随时都有可能带来灾难。因此，潮商时刻提醒自己，要做好生意，获得财富，就要建立广泛的社会关系，甚至包括与竞争对手交朋友。

在一次商品交易会上，一家汕头乡镇企业的厂长看到另一家工厂生产的鼓风机和本厂即将推出的新型鼓风机几乎如出一辙。

他马上意识到，自己晚了一步，如果再推出同类的产品，已经没有竞争优势，而且还有模仿别人的嫌疑。更重要的是，他早就想与这家企业强强联合，以求得更大的发展。于是他立刻打电话回厂，让厂子停止一切生产这种鼓风机的工作。

后来，经过这位潮商的努力，这两家厂子实现了联合，那家工厂的厂长知道了这件事后，感慨万分地说："你那时如果推出了新型的鼓风机，那我们两家势必会有一场恶战，就很难有今天的联合了。"

经商做生意是一门艺术，一进一出，就能造成赚与赔的差别；一进一退，便是生意场上的人情买卖。同行之间，竞争求利，难免会有矛盾和误会。如何用宽容的姿态，为自己在别人心目中留下胸怀宽广和聪明智慧的印象，是商人应该思考的问题。

做生意的目的是要获取利润，但如果一味地只看重自己的利益，不让对方有赚头，那合作就很难谈成。谈成买卖，首先要有一颗真诚的心，照顾到对方的利益，这样才能赢得信任，合作才能长久。

7.
风险共担，利益均沾

相牵掼，正有伴。

——潮汕俗语

“相牵掼，正有伴”说的是，互相拉扯，才能共同面对风险，共同进步。潮商靠长途贩运起家，海上商业活动具有高利润、高风险的特征，“冒险涉利”的潮商找到了自己的盈利模式：风险共担 + 利益均沾。

这种商业伙伴关系，是一种互惠共赢的经商智慧。大商人有资金和船只，往往与中小商人合作，由他们出船或出资供中小商人出海经营，赚取巨额利润，而中小商人也得以借船出海，去赚取自己的那份“经营之息”。就这样，在一条船中，船主、商贩与水手形成互惠的商业伙伴关系，从中赚取各自的生存所需。

中国传统文化中有很多关于合作共赢的思想，这种利益均沾的思想随着中原人往潮汕地区的迁移也带了过来，并成为潮汕人经营的指导思想之一。

《老子》里有这样一句话："欲将取之，必先予之。"其用在商业上的意思便是，想建立自己的人脉关系网，就要懂得照顾别人的利益，先有所付出，才会有所回报。成功的商人不会计较短暂的得失，会放眼大局，做人情投资。这样前期可能会付出很多，但得到的更多。

许多潮商的成功都得益于个人的魅力，他们乐于与他人分享，给别人留下好印象，借此获得了伙伴和朋友的信任和支持，也赢得了消费者的口碑，积累了群众基础。商业伙伴愿意与之合作；消费者愿意信任他，这样不想成功都很难。

短暂的利益看似很诱人，但其实如沙子垒成的堡垒一样极易崩塌。利益可以用金钱得到，而人心和支持却是用金钱得不到的，这需要在长期的生活实践中慢慢积累，而这种关系一旦形成，就会为你带来意想不到的惊喜和帮助。经商中懂得利益均沾的人，更能在自己需要的时候得到别人的帮助，为企业的成长增添动力。

合伙做生意，是商业活动中最常见的经营模式。潮商"风险共担，利益均沾"的经验，给人们带来很多启示：

第一，勇于承担自己的责任，勇于为团队的错误买单。

尤其是对创业者来说，必然会经历一个不断犯错误、不断学习改进的过程，所以从一开始，你就要有准备为自己及团队成员的错误买单，这是不可避免的。

第二，无论公司遇到什么问题，都要以和为贵。合伙创业的优点是能够取长补短，资源共享，但也需要所有人共同努力和互相依靠，这需要经营者有很好的人际交往能力，妥善处理人际关系中遇到的危机。“和气生财”是放之四海皆准的一句话。

第三，信任是合作成功的关键。既然是合伙做生意，那双方的利益就是一致的。共同获得利益，也就意味着需要共同承担风险，而这一切的基础就是互相信任。任何一方都要相信对方，如果不相信，就会后患无穷。“疑人不用，用人不疑”，同样适用于商业合作。应时刻提醒自己，双方是为了共同的利益走到一起的，无论出资多少，都不会拿着自己的钱出来玩。为了合作愉快，要建立必要的财务、人事、工资、分红、业务分工等制度，而且带头执行，这样才能让管理出效益。

冒险会获得巨额利润，但同时也会有失败的风险。但如果能够找到一个很好的面对风险的商业模式，其商业风险对于合作的每一个人而言就会大大降低。潮商在与合作伙伴做生意的过程中，坚持“风险共担，利益均沾”的原则，确立了一种公平、公正的商业合作模式，正是这一模式让潮商在经商的路上顺风顺水。

8.
老乡圈：黄金人脉网

同姓三分亲。

——潮汕俗语

潮汕人早年坐着“红头船”出海经商，异地求生，非众人合作难以生存。如果能在出海时遇到同乡，一句“家己人”马上让人倍感亲切，但凡潮汕人相聚，都会听到袅袅乡音。“同姓三分亲”说的就是，潮汕商人善于利用老乡资源，发挥地缘优势，赢得宝贵的人脉资源。

孟子说：“天时不如地利，地利不如人和。”当今时代，发展客户关系，构建商业网络，同样需要借助“地利”进而实现“人和”的目标，让生意红红火火。在地缘关系中，老乡无疑是一种宝贵的资源。

潮汕地区历来外出谋生的人很多，加之生活习俗有异于本土，为求发展生存，潮商之间形成一种互相帮助的传统。因此，潮商对同乡的认同感极强，一旦有同乡落难，他们定会鼎力相助。这种团结使他们拧成一根绳，在商海中永远能互相依赖，共同到达成功的彼岸。

远在他乡的潮汕人很善于发挥地缘优势，借助老乡关系做生意。他们会向老乡传递自己的“可利用价值”，从而增加彼此的合作机会，让彼此都更深入地了解和信任对方。这样，在商圈中打拼时，双方才能成为最有力的盟友。

在家靠父母，出门靠朋友。在潮汕人眼里，老乡就是最可靠、最值得信赖的朋友。大家一起做生意，哪怕少赚一点，也要照顾老乡的生意，这就是潮汕人之间的乡族认同感。这种亲密合作，心有灵犀，不仅让潮汕人在外奋斗不孤单，还让他们互相提携，把生意做大。

潮汕人很重乡情，对老乡讲义气，习惯互相帮助。在商场上，谁都不是“常胜将军”，这种团结使潮商不再是单枪匹马作战，他们的背后始终有一个群体的力量作为支撑，为他们免去后顾之忧。

9.
学会分享，明智商人的选择

非团结无以求生存。

——潮汕格言

潮汕人相信“非团结无以求生存”，因而他们非常重视以地缘、亲缘为纽带建立各种社团组织，包括宗亲会、同乡会、行业会以及各种庙宇和慈善团体，作为团结互助、互相支持、扶困解难的机构。

在商业世界里，团体精神和高强度的凝聚力，使这个商业群体如最具战斗力的狼群一样，通过相互协作，收获更多的果实。团结和分享的结果就是大家取得了“1+1 > 2”的效果。潮商深深懂得这个道理，因此他们在生意场上比其他商人更容易获得更多的资源。

“通天下之利者，则得天下；擅天下之利者，则失天下”，这句话放在潮商身上非常合适。显然，只有将自己的利益与他人的利益和谐统一，才会有快速的发展。反之，则会两败俱伤。一个人即使建立了庞大的产业，有了财富和能力，也应该将自己的姿态放低，与周围的人或者公司搞好关系，打成一片，和谐的关系是快速成长的基础。

做事也应该如此，没有人喜欢自私自利的人，遇到问题要经常换位思考，体谅他人的不易，兼顾他人的利益。与人为善，才能让别人做事情也想着你，双方达到一个共赢的局面。

有一个卖砖石的潮商，因为与同行恶性竞争，生意陷入了困境。原因是那个对手在他经销的区域内竟然向他的合作伙伴诬陷他，说他的砖石质量很差，时间一长就会暴露出许多问题，甚至造谣说他的公司快要停业倒闭了。

因为诽谤，这位潮商花费了很长时间去向别人解释，并证明自己的产品质量和公司实力，公司勉强渡过了这次信任危机，但这次事件的阴霾始终笼罩着这位潮商。虽然他很生气，但他不想用卑劣的手段去打击报复那位竞争对手，这样只会败坏自己公司的名声，两败俱伤。

经过反复的思考，这位潮商决定放下嫌隙，即使有人追问这件事的原委，他也没有报出那位竞争对手的名字，把这件事的影响降到最低。一天，他的公司接到一份订单，要求他提供一批型号不同的砖石，以盖一座办公大楼使用。这是一笔大单子，但在细细看过订单的要求之后，这位潮商发现其中有两种型号的砖石他的公司没有生产，需要找合作者来提供。

巧合的是，这两种型号的砖石正是那位曾经诽谤他的竞争对手的公司可以生产的。没有犹豫太多，他果断地拿起电话拨通了对方的号码。在说明了自己的用意之后，电话那头的竞争对手沉默了很久，最终还是答应了。经过这件事，这两家公司的关系很快就缓和下来，那位竞争对手不但主动向别人澄清了之前的误解，还把自己不能生产的一些订单转让给了这位潮商，双方成了很好的合作伙伴。

良好的合作关系是企业腾飞的基础、发达的起点。著名潮商李嘉诚在每一次交易之后，都会与对方成为朋友，因为他总会留一些利益给对方，做到利益均沾。

“同行是冤家”，这只是片面地从竞争上的视角得出的结论。潮商不喜欢矛盾，只喜欢赚钱，他们即使与对手发生激烈的竞争，需要合作时，也能不计前嫌，握手言和。这就是谋大事者不拘小节的胸襟，潮商也一直在践行着这句话。

第六章

潮汕人有和你不一样的创意

1. 做生意要有“独门绝技”

世界上没有两片相同的树叶，做生意贵在具有特色的经营方法。

——潮汕格言

要想在某一行业出类拔萃，做出自己的特色是很重要的。人无我有，才会有竞争优势。当然，特色经营一定要出奇、出新，要么把产品做出特色，要么在经营管理上做出特色。

精明的潮商是追求特色的智者，他们凭借着“人无我有，人有我优”的经营智慧，在激烈的市场竞争当中把生意越做越大。

在潮商眼里，所谓市场良机，几乎无处不在。但想要抓住它，就需要你打出和别人不一样的牌，这样才能出奇制胜。这需要能够快速获得各类信息，尽早捕捉市场机会；要善于运筹帷幄，巧妙快速地捕捉市场机会；要创造条件，把市场机会转换为商业机会。

概括起来，潮商常用的方法主要有以下几种。

1. 人有我优。有一位潮商以制作领带闻名，然而他的公司却一度陷入到困境当中。当时，高速生产领带的厂家实在是太多了，竞争激烈。是倒闭，还是转业？这位潮商开始了痛苦的思索。后来，他想到了在品质上提升竞争力。于是他聘请高级设计师，采购高级布料，引进先进工艺，生产出一批符合上层人士需求的高级领带。产品投放到市场以后，大受欢迎，带来了大量的订单。“人有我优”，使潮商摆脱低端市场，通过改变消费人群，避免了恶性竞争，赢得了高端市场。

2. 人优我转。李嘉诚早年投资做塑料花生意赚了钱，并在欧亚占领了大量市场。然而处在喜悦中的他并没有被胜利冲昏头脑，冷静地进行了分析：第一，欧洲方面发现塑料花市场有利可图时，必定会全力介入，那么欧洲地区的生意就很可能被中断；第二，随着人们生活水平的提高，已经出现鲜花代替塑料花的趋势，塑料花的市场必定会逐渐萎缩。

于是李嘉诚毅然决定战略转移，逐步退出塑料花市场，做起了前景看好的地产生意。果然，当鲜花占领市场时，李嘉诚已经在地产界站稳了脚跟。人优我转，进入了新的市场，让李嘉诚赢得了新的发展机会。

3. 人弃我捡。市场风云变幻，常常让人捉摸不定。前些年，黄豆成为最受欢迎的健康食品，吃豆制品成为一种风气，对豆制品加工机械的需求也日益增加。然而，许多机械制造商早已专注于尖端产品，没有厂家搞简单的加工机械。有一位潮商瞄准这块“荒地”，迅速开发生产出简单易操作的豆制品加工机械，结果抓住了市场机会，取得了不俗的经济效益。

那些喜欢跟着别人亦步亦趋的企业，很难在激烈的市场竞争当中有所斩获。做生意，本身就是资本智慧的较量，只有对市场的把握更深刻一些，善于在别人没有看到、做到的时候出奇招，才能从中胜出。

经商的人有很多，有的人失败，有的人成功。但大多数人一直平平庸庸，既不能靠经商出人头地，也不至于受穷。平庸的人，往往是那些毫无特色的人，在他们的经商生涯中看不到灵感的闪现，而精明的潮商往往属于敢与追求特色的智者。凭借着生意场上的“独门绝技”，他们往往能够看到别人看不到的市场，避免进入到恶性竞争当中。有的潮商通过独特的眼光找到不同的市场，有的创造新的市场，不论是通过哪种方法，做出自己的特色，做到“人无我有，人有我优，人优我转”始终是潮商驰骋商场的秘诀之一。

2.
变则通，通则赢

随行就市。

——潮汕格言

生意场上有一句话叫做“随行就市”，这里的“行”指的是市场供求状况，商人只有顺应市场供求的形势，灵活变通，并采取相应的营销策略，才能在激烈的市场竞争中存活下来。

正所谓“树挪死，人挪活”。潮商因穷思变，因变而通。灵活的生活方式使得潮商没有陷入到一山二水三分地的狭小境地，并想方设法找到走出弹丸之地的蹊径，最终成为遨游四海的雄鹰。

“物竞天择，适者生存”的准则，在任何时代都是非常适用的。潮商能够成功的一个因素是其头脑灵活，能够进行准确的市场定位，不会在一棵树上吊死，见到什么市场前景好，认准了就会立即调转枪头投资，觉得苗头不对，也会很快收手，以适应变幻莫测的市场。

所谓变通，是指在处理事物时要善于变化和选择，而不是墨守成规，从而达到变则通，通则灵，灵则达的理想效果。

潮商做生意善于“变通”，什么赚钱就做什么，紧紧跟随市场前进，总是在第一时间获得丰厚的利润。

潮商黄玉郎是一名成功的出版商，他的成功经验就是研究读者的口味变化，及时调整刊物内容和形式。黄玉郎把内容调整集中在功夫、打抱不平、正邪力量对抗等热点话题上，同时使用大开本，吸引了不少青少年读者，同时还打进了东南亚以及欧美市场。

社会总是处在变革当中，优秀的商人能根据市场的变化，调整自己的经营策略，该发展时发展，该收缩时收缩。审时度势，处变不惊，这是一个大商人应该有的素质。

在潮商中间流传着这样一个故事，一位潮商接过一家已经倒闭的街道办制胶厂，该厂三十来人，倒闭时欠下了5万元外债，拖欠工人9个月的工资。

刚刚接手烂摊子时，他用集资的办法招收了两百多名员工，买了油毡纸把漏屋蒙起来，暂时解决厂房的问题，又从工人家里借来缝纫机，解决了设备问题。

正当他对制胶厂实施“起死回生术”时，获得了一个准确的市场信息：制胶业市场产品过剩，皮革塑料制品行业纷纷下马。他得到这个信息之后，并没有紧张，而是果断地决定实施变通之策。“变”也要因地制宜，经过数次的调查和考虑之后，他决定从本地区兴旺发达的畜牧业打开突破口，以皮革制品占领市场。他就地取材，用皮革制作自行车坐垫、手提包、背包、儿童书包、旅行包等产品，很快占领了市场。他还清了债务，工人的工资也补发了，小本生意获得大利，一些正在挣扎的同类小厂纷纷前来参观。

这位潮商预感到这些人即将成为自己的竞争对手，于是他又想到了“变”，转产牛皮鞋、皮箱、山羊革夹克衫等。很多工人都来责问厂长：“这么畅销的产品为什么要停产？”但很快这个问题就由现实来回答了：之前许多来取经的工厂，见到他们的产品本小利大销售快，回去后争相大批生产，结果市场很快就饱和了，产品出现了滞销。

皮件厂办得很顺利，新产品很畅销，可是这位潮商想问题总是比别人更深一层，他又想到皮革制品可能也会遇到滞销现象，仅仅依靠一种产品风险大，如果采用“一业为主，多业并举”的经营模式，那么一种业务不景气时，另外的业务就可以马上扩大，弥补损失。于是，他又开始寻找新的产品。

为了选择合适的产品，他四处奔走，了解市场行情。一张“首届A市骡马物资交流大会”的海报吸引了他。本地牛皮资源丰富，皮质又居全国之首，加工牛皮的念头出现在他的脑海中。从市场上他又了解到，“黄牛蓝湿皮”在外贸市场上是紧俏商品，于是他立即组织力量，很快就生产出色泽鲜艳的黄牛蓝湿皮。当年，刚刚生产出来的产品就被一个外商看中，对方当即与他签订了年供货5万张的合同。由于他们厂的产品质量好，又守信用，不久之后，黄牛蓝湿皮就出口到日本、新加坡、印度等亚洲各国。

从这位潮商的经历中我们可以看到，他接手街道办制胶厂之后并没有固守没有市场前景的制胶行业，而是在得到准确的信息之后，灵活果断地转变，使得制胶厂起死回生。在皮革制品取得较好的市场效益之后，他也没有停止改变的步伐，转而变为生产牛皮鞋、皮箱等，这让他不至于陷入之后的产品过剩的窘境。他不断改变自己所经营的项目，让自己在剧烈的市场变化之中，始终能够走在别人的前面，赢得市场的头杯羹。

人随时代的步伐走，而企业应跟着市场信息变。在潮商看来，根据市场的变化不断地做出选择与放弃，即是他们敏锐观察力和出色判断力的体现，更是他们的通权达变之术。

3.
在模仿中创新，在模仿中超越

我学历不高，但几十年来，身上总带有一支笔和一本笔记本，无论走到哪里，看到好的东西就记下来。

——陈焕强

潮商陈焕强说："我学历不高，但几十年来，身上总带有一支笔和一本笔记本，无论走到哪里，看到好的东西就记下来。"陈焕强只是众多潮商的一个代表，他们在创业的同时不忘记学习，学习别人的管理模式、产品优势，所有值得学习的地方，都不会放过。潮汕商人之所以能够成就如此辉煌的财富神话，成为商界的典范，很大程度上就是得益于学习、模仿以及创新的能力。

潮商并不止步于模仿，而是在模仿中寻求超越，在模仿中寻求突破。在市场需要的时候，对自己的产品进行创新，从而使产品更加符合市场的需求。

很多时候，成功确实需要创新。然而在潮商看来，当创新需要花费巨大的成本，而自己又根本不具备这个条件时，模仿便是一条捷径。

潮汕人善于模仿：从外地或国外买来的衣服上拆下几颗纽扣，仔细研究一番就能生产；皮鞋是模仿意大利的；服装是模仿法国的；打火机是模仿日本的。潮商的很多人居住在世界各地，当他们回到家乡时，其穿着和用品就成了生意有心人的目标。这些东西拿到手之后，一夜的时间就可以将它们解剖完毕，并很快将一些一样逼真、一样精美的仿制品摆在橱窗上。这当然有些夸张，但也说明了潮商善于模仿的智慧。

模仿是吸取和消化前人优秀的文明成果，模仿他人的智慧和思维方式，这是一条成功的捷径。在特定的历史条件下，有些成功是可以复制的。读懂他人成功的原因，可以让你节省很多时间，少走很多弯路，更快地向成功迈进。

20 世纪 80 年代，改革春风下的潮汕大地上，一批有胆识、有魄力的潮汕农民子弟怀抱理想，开始了创业之旅。当时年仅 17 岁刚刚高中毕业的蔡东青，不甘被命运摆布，凭借着聪明才智和过人的胆识，白手起家，踏上了一条当代青年拼搏创业的艰辛之路。

创业之初，蔡冬青四处奔走，最终只筹借到 800 元的启动资金。正是在这笔资金的支持下，蔡东青正式创建澄海奥迪塑胶玩具厂，因为起点低，他把最初的创业目标锁定在生产“小喇叭”等简单的玩具产品上。

他不断地改进工艺，坚持在装箱之前进行细心全面的质量检查，很快就赢得了自己的市场，并获取了不菲的利润，完成了原始资金的积累。

后来蔡东青随团到香港考察，发现日本生产的四驱车很受欢迎，敏锐地预感到四驱车的市场会很好。此后的两年，他专注于仿制四驱车。当时汕头地区工艺水品比较低，蔡东青找到了深圳的厂家生产齿轮。

当时日本的动画片《四驱小子》风靡全国，蔡东青又与广东电视台合作创办了一个四驱车大赛，大大提升了四驱车的销量。

四驱车的火爆，使得玩具厂的业绩呈现爆发式增长。但很显然，玩具厂仍然停留在“抄袭”的层面上，没有足够的自主研发能力，在爆发式增长几年后，这实际上已经成为当时企业发展最大的瓶颈。由于没有新产品推出，玩具厂业绩陷入了前所未有的低谷。

困境之下的奥迪玩具厂开始寻求自主创新途径，打通动漫玩具产业链。蔡东青成立了广东奥飞动漫股份有限公司，并开始打造动漫玩具产业链。

蔡东青对奥飞动漫商业模式转型脱胎于全球领先的两大玩具生产商——美国孩之宝和日本的万代。奥飞动漫通过授权或者合作开发新的玩具产品，有了自主的创新能力，这才使得奥飞的效益不至于受制于人。

蔡冬青在起初创业时采用模仿的方式，迅速打开了市场，积累了原始的资金。在模仿别人受到限制之后，蔡冬青开始积极地转变经营模式，从一味地模仿到开始自主创新。对工作饱满的激情和充满理性的创新是蔡冬青成功的法宝。毕竟，一直重复别人走过的路是没法长久吸引人的。要做一点别人没做过的事，要做一些大家耳目一新的事，大家才会记住你，才会从心底认可你。这种情况下，自然不会拒绝你的产品。

4. 掀起"冷门"处淘金热

哪里偏远，哪里危险，哪里落后，哪里就有机会。

——潮汕格言

潮商认为，如果大家一窝蜂聚集在一个地方，市场就被瓜分了。但如果反其道而行之，到落后的地方经营他们需要的东西，赚钱就相对容易一些。

潮汕人在世界各地生根发芽，并且创造出辉煌的成绩，但这些地方并不都是经济发达的地区。在老挝、柬埔寨这样经济相对落后的地方，潮汕人也可以把生意做得有声有色。去别人不愿意去的地方，赚别人看不起的小钱，在“冷门”处赚钱，是潮商成功的秘诀之一。

在潮商眼中，无论是繁华的都市还是贫瘠的边疆，但凡是有人群的地方就会有市场，就需要商品，由此便有商机，便有生意可言。

改革开放后的一段时间，中国出现了大规模的人员流动，经商潮、打工潮一波接着一波，但总体的趋势是内地往沿海跑、北方往南方跑。但很多潮商却反其道而行之，去往内地一些不被看好的地方，但在若干年之后他们却能发展得更好。其实，在“冷门”的地方也有很多商机，很多人注意不到这一点，戴着有色眼镜区别看待条件较好的地区和条件不好的地区，这往往使他们错过了很多的机会。

潮商在很多经济相对落后的地区能够取得很好的发展，在于他们有与别人不一样的眼光。我们都知道大城市有更多的机会，但是如果都往大城市跑，竞争也会更加激烈。潮商往往能够反其道而行之，在“冷门”的地方发现商机，获得成功。

李焕明从小在潮汕农村长大。小时候，他曾经走街串巷买雪糕，每天能赚一元左右，一个月下来，也就攒够学费了。他曾在采访中说：“每天看到自己赚钱，真的好开心。也就从那时起，我就不再伸手向父母要钱了。”

小时候的经历让李焕明认识到，别人不愿意做的小生意，也会带来意想不到的财富。20世纪90年代初，内地人很喜欢香港的随身听、录像机。李焕明决定把自己的第一笔生意放在贩卖小家电上面。于是，他带着从香港买来的小家电到常州卖，没想到生意异常的顺利，一次就净赚了5000元。“就这样，后来不断地进些小家电之类的东西到常州来卖，至此也就在常州落下了脚。”

这些别人不愿意做的小生意不仅给李焕明带来了创业的原始资金，更让他养成了重视每一分钱的习惯。之后，李焕明利用积攒的钱成立了铁通通讯设备公司。到1996年，他的电话机营业收入超过8000万元，手上也有了几千万元的流动资金，掘到了真正意义上的“第一桶金”。经过多年的辛苦打拼，现在李焕明经营的电话机业务已在常州同类商品市场中占有70%以上的份额。

从李焕明的成功经历中我们可以看到，成就大的事业，必定要有一个积累的过程。这个过程必定是辛苦的，所做的工作也不一定“光鲜亮丽”，但正是这些小事、这些不被别人看好的“冷门”，成为许多潮商成功的起点。

潮商这种“不舍微利”的经营思想，让他们在创业前快速地积累起原始的创业资金，在经营大公司时又能保持更长久的盈利。有的商人看不透这个道理，只想干一番轰轰烈烈的大事业出来，结果往往好高骛远，从而一事无成。

大投资所需要的商业周期比较长，不容易改变经营方向。今天，各种信息互相交替，商场风云变幻，让人目不暇接。做小投资，可以迅速根据市场的变化改变自己的经营方法，让自己在竞争中游刃有余。

在商业世界里，中小投资始终是增强市场活力，提供就业的中坚力量。一方面，它具有填补空白的功能，适应市场销路的小规模生产，可弥补大公司的空隙；另一方面，它无需较大的资金和技术力量便可开业，即便遭遇销路不对也能迅速调整方向，风险会大大降低。

在经营项目选择上，小投资比大项目有更多的优势，制造业、商业、手工业、服务业等行业都是小投资大显身手的场所。所以，做小投资，会有更多的机会。

列举了这么多做小生意的好处，实际上是想告诉你，一些利润微薄的生意往往都被别人所忽略，如果你能抓住它，做别人不愿意做的事，可能会开辟出一条新的创业之路，并取得成功。

5. 商业竞争，由“点”到“链”

在今天的商业背景下，还用以往的策略做生意，往往赚不到钱，必须有产业的全局观，用“产业链竞争”才能分得一杯羹。

——谢国民

俗话说：三流企业卖价格，二流企业卖品牌，一流企业卖标准。这三句话讲的就是竞争的两层境界，产品竞争和产业链竞争。

产品竞争在某种意义上是加工制造、销售上的竞争。产品的竞争逼迫生产者不断提高企业的管理水平来降低成本，提高制造的精细化程度，提高产品质量，同时通过各种手段进行促销，从而找到最终的客户。

产业链竞争是什么？比如，一件衬衫加工出来的价格是 40 元，而贴上一个名牌之后就可以达到 400 元，这就是附加值竞争，属于整个产业链的竞争。产品加工之前的环节和品牌经营都是给产品注入灵魂的环节，是这些环节给产品附加了精神层面的东西，给消费者提供了一种无形的体验，增加了产品本身的价值。

当企业做到一定程度，其竞争本质就会变成产业链的竞争，也可以说是产业链间各大系统的竞争。要想使企业更好地发展，就要主动融入产业链中，并形成自己独特的竞争优势。

潮商谢国民领导的正大集团划分了几大业务：谷物事业群、饲料事业群、养猪事业群、家禽事业群、养虾事业群、动物健康事业群、肉品加工事业群、零售事业群。最重要的是，它们连贯在一起，彼此密不可分，形成一个完整的产业链。

这个垂直整合的连贯经营体系，把各阶段原料采购、产品制造、成品销售有机地结合起来，做到环环相扣，灵活经营，以群体的力量创造出低成本、高附加值的经济效益。

谈到正大集团在全球范围内整合资源，以及在多元化、国际化方面的进展，谢国民骄傲地说："在易初莲花超市里，廉价的大陆农产品和特色鲜明的泰国农产品，深受顾客欢迎。这是因为，我们把中国广大的农村作为采购基地，通过与中国农民长期合作，使易初莲花采购到新鲜的有机农产品，同时也为顾客提供了最质优价廉的商品。"

显然，这是一个完整的产业链，是实现多赢的最佳商业模式。在谢国民乃至更多的潮商眼里，如今的商业竞争已经发生了深刻的变化，最显著的特征是：从“点”竞争到“链”竞争。

具体来说，就是产业链的竞争。与以往不同，今天的商业世界不再处于单打独斗的时代，任何一个行业都有一条完整的产业链，而且各个环节具有很强的互相依赖性，客户所需要的良好的个性化内容和应用服务，依赖于整个产业链的有效合作。

如果只做某一环节上的运营商，那么只能获取那一部分的利润，并且还要受制于整个产业链的影响。所以，想要在未来的商业竞争中取胜，必须要从整个产业链的角度来思考问题，这比拼的不是某一个环节，而是整个产业链效应。

因此，想要把生意做大，就很有必要懂得“产业链竞争的要诀”，善于从“产业链”的角度看问题。很多企业在发展到一定程度时，找不到前进的方向，不知道该向什么方向扩张，这大多是因为他们只在某个环节上挣扎，没有把握“产业链竞争”的整体关系。有了整体的思想，也就不难找到企业发展的方向了。

6.
合作共荣：快速成长的"敲门砖"

同天下之利者则得天下；擅天下之利者则失天下。

——《六韬·文师》

潮商认为，一个人财富再多、地位再高，也要学会低调，懂得放下身段与大家打成一片。为人处世，要善于合作，保持微笑，不搞小圈子，才能融入大家庭；做事的时候，要顾及到对方的利益，学会换位思考，懂得合作共荣，才能赢得市场。

潮商合作共荣的观念根深蒂固。他们认为，万事万物都是有联系的，一个人单枪匹马很难取得成功，也不能被动地等别人来找自己，而要主动地出去寻找联合，寻求合作才能使自己获得长足的发展。合作是共荣的前提，商人敢于与别人甚至是竞争对手合作，才能赢得共荣。

团结互助是最能实现共同利益的一种组织合作关系。潮商凭借着亲缘、地缘的纽带，不但实现了自身的发展，更形成了强大的竞争力。作家吴南先生就曾对潮商这种开拓冒险、团结互助的品质给予了高度肯定，他认为“这是潮商取得新成就的保证”，也是潮商行走天下战无不胜的秘诀。

许锐腾先生就是一位爱国、爱家，致力于宗族群发展甚至是中柬友好的潮汕商界巨子。已经年近七旬的许老先生慈眉善目、精神抖擞，虽然在柬埔寨出生，可是仍然能用流利的潮汕话与乡民交流。

许老先生家中有兄弟姐妹八人，他们在年轻的时候便已经开始做小买卖谋生了。可是后来柬埔寨动乱摧毁了许老先生创业的基地，他便逃难出来，先后在泰国、菲律宾等东南亚国家谋生。天资聪颖的许老先生很懂经营，通过自己走过很多地方所建立下来的人脉以及乡亲的帮助，开始烟草和运输业贸易。

许老先生事业的起步是从与人合作租船开始的，他将自己接过的货物用船只往来于柬埔寨各地，给当时物流困难的难民运送粮食、布料等各种生活日常用品。

这种做法很大胆也很新颖，但是因为有人脉的保障，许老先生这种敢为人先的做法还是让他赚到了自己的第一桶金。

但是许老先生的魄力还不止于此，在初步有了资金积累之后，他仅仅用了 4 个月的时间就创办了自己的第一家制衣厂。这家制衣厂占地面积达一万多平方米，配置了先进的进口加工设备。为了造福当地乡亲，以及前来打工的潮汕亲戚邻居，许老先生特意请人为他们做培训，吸纳了近1000个人手。这对养育许老先生的東埔寨和潮商乡亲们来说，都是一种极大的恩惠和帮助。而这些职工有很大一部分都成为帮助许老先生把事业壮大的精英和顶梁柱。

许老先生不但依靠团结的力量建立了自己的事业，更通过各方面友好关系的牵线，达到了惠人惠己的双赢效果。团结就是力量，许老先生用自己的一生证明了这个道理。

商界是一个分工极细、专业化要求很高的领域。因此，想要取得成功，就要尽可能得到更多的专业资源，这需要人与人之间的团结协作。在潮汕人眼里，生意不可能是一个人的行为，它需要依靠组织、众人的分工和努力才可能完成。因此，他们注重发展任何可能为自己带来帮助的人际关系，更注重团队协作的力量。

在商业合作中，合作伙伴可能是志趣相投的朋友，也可能是经济、认知及价值观不同的两个人。只要合作能够优势互补，并实现双赢或者多赢。

团结协作是当今社会的主流，只有懂得合作，善于调用他人的能力和资源的人，才能赢得发展的机会。独行侠已经不是现代英雄的定义了，潮商告诉我们，有了属于自己的“最佳拍档”，才能实现共赢。

7.
永远比对手走得快一点

今天的商业离不开创新，但是仅仅做到这一点还不够，创新必须是速度上的创新，才有效。

——翁锦通

如今市场竞争异常激烈，市场信息瞬息万变。谁能抢先一步获得信息，抢先一步做出应对，谁就能捷足先登，独占先机。因此，在当下“快者为王”的时代，“速度”几乎成为企业的基本生存法则。

市场环境是千变万化的，机会可能转瞬即逝。这不但要求创业者随时做好抓住机遇的准备，更需要他们能够随时观察环境更迭，具备及时创造机会的能力。能够抢占先机的人，才能为自己带来竞争力，才能获得消费者的认同，这也是决胜千里的关键。

潮商很懂时机的重要性，他们认为，一个积极开放的人总是比一个沉默寡言的人、消极被动的人更能得到人们的关注和喜爱，更能在人际交往中占得优势。而这种优势更加适应社会和时代的变化，这就是强者的能力。那么，在生意场上，一个积极开放的商人必然也会在市场竞争中掌握主动权，做到耳聪目明。这样才能抓住任何一个时机，让能力和手段得到发挥和展示，并且得到消费者的认可。

潮商非常善于发现商机，并能抢占先机。他们根据自己的优势在不同区域、不同市场中找到自己的位置并一展其才。每一个时代，都会出现一大批富翁，他们都善于在别人不明白的事物中发现机会，在最新的经济发展朦胧时期抢占先机，在新旧事物的交替中壮大自己。抢先一步，领先一路。

1972 年 2 月，美国总统尼克松访华，翁锦通敏锐地意识到这是他打进美国市场的契机。当中美《上海公报》一发表，他便坐上前往美国的飞机，捷足先登，对美国市场进行了一次全面考察。当看到美国人喜欢抽纱制品，翁锦通做出了一个战略决策，对美国“加强培养抽纱市场，并促其成熟”。

1974 年，翁锦通在美国创建了“森兴有限公司”，把中国的抽纱工艺品大量地引进美国市场。就这样，翁锦通在激烈的市场竞争当中把握时机，获得了巨大的成功。

今天的商业世界可以用两个字形容：快速。速度代表着效率，也是公司生命周期的标尺。随着信息化、网络化、数字化、全球化时代的到来，世界已经变成了地球村，公司的经营早已克服空间距离的限制，这既是一次机遇，也是一次挑战。显然，只有比竞争对手快一步，才能提高成功的概率。

在商业竞争中，快速意味着两个方面，第一是发现商机的速度，第二是创新的速度。发现新的商机并且努力抓住它，能为企业带来新的发展突破点，而创新则是保持企业长盛不衰的秘密法宝。它们共同的前提都是需要一定的速度作为保障，如果发现商机的速度过慢，那商机便不再是商机。同样，创新的速度过慢，创新也就失去了它的意义。

8. 打造属于自己的核心品牌

公司效益好了，品牌却倒了，这不是成功，而是失败。

——李嘉诚

对品牌的重视是潮商的一大特点。在他们看来，品牌是企业的灵魂所在，只要牌子不倒，公司即便出现暂时的困难，也还能站起来。所以，他们愿意花大价钱来树立自己的品牌，用长久诚实的经营来维护自己的品牌形象。

潮汕善于运用广告或是借助重大事件来宣传自己的产品，提升自己的品牌形象。有人说：产品是船，品牌是帆，炒作是风。有风没帆，船难行千里；有帆没风，船举步维艰。潮商在创建自己的帆和风的方式上，非常值得大家学习和借鉴。

"创二代"是对广东康辉集团有限公司总裁郭卓钊最简洁、最准确的定位。19 岁那年，站在上海街头，如潮的人流激活了郭卓钊的商赋财智，他决定先在实践中扎实自己的经商基础，独自在上海开拓凉果市场，为家族企业开启新的局面。

漂泊上海期间，他也曾被商店驱赶出门，也曾住过"蜗居"，历经创业时期的艰涩，他终于收获了上海市场对康辉食品的认可，最终取得了成功。

郭卓钊认为，任何一个产品或品牌的成功都离不开营销，就如同一个歌手或演员被广为人知往往都是通过一首歌曲或一部影视作品一样。在康辉的营销案例中有不少自主创新的点子，但最让郭卓钊津津乐道的却是没有错过乘搭 2008 年北京奥运会、2010 年广州亚运会、2010 上海世博会等中国三大盛事的快车，"通过借助事件营销，我们的产品在营销过程中能够产生亮点，制造轰动效应和事件效应，这是非常关键的"。

康辉集团以潮汕作为总部基地，经过三十年的时间，取得了较快的发展。搭乘重大事件使自己的产品为人们所熟知，这是潮商常用的宣传手段。打造自己的明星产品，用明星产品撬开市场的大门，这已经成为很多企业的选择。

在塑造自己品牌时，应该注意以下几点：在塑造品牌形象的过程中，能否展现出自己品牌的独特性也是十分关键的。如果品牌形象与其他已有的品牌过于相似，就难以在消费者心中留下深刻的印象。康辉集团在塑造品牌过程中着重寻找自己品牌的独特性，把潮汕卤味作为企业第一推广的产品，而不是去模仿其他品牌。

企业形象是一个整体，包括各个子系统。企业品牌形象必须与其他各子系统协调一致，互相配合，共同发展。同时品牌形象和企业形象塑造的目的都是为了结合企业实力，营造竞争优势，最终创出知名品牌，实现企业长远发展战略，康辉集团在品牌塑造中应该注意到这一原则。

一个品牌的塑造，涉及到品牌设计、品牌管理、产品开发与生产、渠道销售与人员销售、广告公关活动等一系列工作。

品牌是可以创造价值的，可口可乐公司总裁伍德拉夫说："如果有一天可口可乐公司因为火灾或是其他原因不复存在，我们相信可以在同一天重建一个新的可口可乐。"可口可乐的品牌不仅仅是一个商品的代号，它已经有了自身独特的价值。

品牌形象是保持品牌长久生命力的重要保障，很多企业都能发展壮大起来，但是能在市场上长久活跃的企业并不多。这些能够长久活跃的产品都有一个共同的特点，即在不断提升自己产品质量的同时，不断地打造属于自己的品牌形象，让品牌的价值和产品深深地联系在一起，并让品牌价值成为企业文化。

9. 打造明星产品，抓住消费者眼球

中国企业缺的不是资金、市场，而是品牌能被世界公认，那么中国的民族工业在国际上的竞争将立于不败之地。

——姚文琛

经过多年的商场打拼，潮商认识到，没有品牌的竞争是无力的竞争，没有品牌的市场是脆弱的市场。但是怎样才能树立自己的品牌形象呢？潮商认为，要想树立自己的品牌形象，就必须要有自己的明星产品，用一个品牌商标

带动整个产业的发展。这种以点突破，以一个商标形象带动整个企业发展的方式，已经越来越成为众多企业突破瓶颈的方式。

潮商林百欣以做成衣制品起家、发家，这是他的老本行。他发家时正好赶上了香港大量需求成衣的时期，这让他赚了一大笔钱，积累了创业的原始资金。

随着市场的成熟，更多的成衣制造公司如雨后春笋般出现，此时的林百欣已经不再具备起家时得天独厚的条件。想要在这个行业做大做强，就要努力寻找其他路子。这时候，林百欣注意到了令他情有独钟多年的“鳄鱼”。

“鳄鱼”这个服装标志在香港已经有多年的历史。早在1910年，一位德国人开办的拉德克尔公司出于在香港、东南亚及中欧地区开展贸易的需要，到香港注册了“鳄鱼”商标，用于服装等商品。后来几经周折，到了20世纪40年代，这个商标辗转传到了香港人陈景辉手里。陈景辉于1952年正式成立了“鳄鱼恤有限公司”，并于1971年在香港联合交易所上市。

鳄鱼恤以其专业的水准和优良的品质，赢得了各界人士的良好口碑，建立起驰名商标的形象。

以制衣起家的林百欣，当然早就对“鳄鱼”看在眼里，想在心里，只是苦于没有实力把它拿下来。1987年是林百欣事业发展的又一个高峰期。这一年，林百欣对丽新集团进行业务重组，将地产业务以“丽新发展”独立上市。而原有的制衣业务则保留在新成立的集团控股公司“丽新制衣国际”。“丽新发展”上市后，社会上对其反应良好。林百欣成功地套现了一大笔现金，这为林百欣收购“鳄鱼”提供了良好的条件。

林百欣以13亿港元的巨资，一举收购了鳄鱼恤公司73.9%的股权。收购成功之后，终于如愿以偿的林百欣笑得合不拢嘴。他又追加近十亿港元的资金，大力扩充鳄鱼恤的生产规模。除了建造新厂房外，他还引进了一流的设备，并建立了服饰设计研究情报中心。

眼光老到的林百欣看准了鳄鱼恤经过多年的发展，必将在近年中国经济蓬勃发展、人民生活水平提高、对衣着越来越讲究的背景下，在内地这个全球最大的市场上有更大的发展。自1990年开始，林百欣就开始在内地做出重点投资，零售市场几乎遍布全国各省市，拥有900多家零售店，网络庞大，无论是自我发展的品牌或代理其他品牌时装，都具有极大的优势。

功夫不负有心人，鳄鱼恤公司在林百欣的管理下，生意蒸蒸日上。林百欣还请来一批来自欧美和亚洲的一流服装设计师，结合东方人的穿着品味，设计出不同款式和品牌的服装。至20世纪90年代中，“鳄鱼”产品已经有六大类，款式品种达两千种。

创业难，可还是有很多人能够创业成功。成功之后关键的一点还是得看能否越过成功时代的瓶颈，把辉煌延续下去。从林百欣的创业之路我们能够看到，在“丽新制衣国际”发展到一定程度的时候，林百欣把眼光放在“鳄鱼”这个制衣业的明星身上。一个企业主打一个品牌，而一个品牌又主打一个产品。对于“丽新制衣”而言，他们所主打的产品就是鳄鱼恤。

一个企业主打一个品牌，一个品牌又主打一个产品，这种集中优势，以一种核心产品带动整个企业知名度的做法已经成为现代很多企业争相效仿的经营模式。

第七章

潮汕人有和你不一样的谋略

1.
制胜法宝：低成本策略

成本低就意味着利润率的提高。要善于在经商中打好低价格这张牌。

——陈顺源

很多潮商的成功，都与“低成本策略”紧密联系在一起。这种经营手段被很多商家奉为圭臬。

所谓低成本策略，可以这样定义：它是指提供相同的产品或服务时，通过内部加强成本控制，在研发、生产、销售、服务和广告领域内把成本降到最低，使成本或费用明显低于行业平均水平或主要竞争对手，从而赢得更高的市场占有率，成为行业中的成本领先者的一种竞争战略。

很多潮商在进入一个新的领域后能很快站稳脚跟，很大程度上就是依靠这种低成本策略。在创业阶段，想要快速地把自己的产品推向市场，价格是一个很重要的因素，因此如何用好低成本策略，是每一位创业者应该学习的技能。

现在中国的很多中小市场都被潮汕人把持着，装修不华丽的潮汕店里总是有很多顾客，而本地的店铺往往店面更加整洁，服务更好，却竞争不过他们。潮商从外来者到成为城市中小市场的佼佼者，其中的法宝就是低成本策略。

成都的东大街曾一度是广东商人的天下，那里的灯具、电器门市多为粤商所开，以其新颖、豪华吸引了很多成都人，生意十分火爆。后来，潮商挤了进来，他们起初在东大街租一些丝毫不起眼的店铺，装潢普通，没有吸引人的地方，与广东商人开办的店铺难以相提并论。

但潮汕人有自己的经营绝招，他们经营商品的时尚性、美观性不亚于广东商品，同时广东其他地区的商人多是“前店后厂”的形式，成本本来就低很多，低廉的价格让人们更多地选择潮商开的店铺。面对潮商猛烈的攻势，广东商人一开始还能抵挡一阵，又是打折促销，又是有奖销售，但是这种方式只能隔三差五来一次，长期亏本经营肯定是无法长久的。而潮商商品因其自身的成本优势，甚至可以天天打折。广东人很快败下阵来，黯然离去，一家家店铺相继转让到潮商手中。

一些广东商人愤愤地说：“潮商成了广东人生意上的克星，只要有潮商跟着一搅和，我们的生意就别想做了。”在价格竞争上，几乎很少有人能够竞争得过潮商。

如果将产品价格降至成本以下赔本甩卖，当然是不行的，因为不论是谁做生意，即使将产品的价格定得再低，也会有一个限度。潮商的最低限度总能比别人更低，而要生产出成本低且质量高的产品所要付出的努力是方方面面的。

数不清的潮商以“前店后厂”的家庭作坊为经营模式，这让他们生产的小商品的成本极低。在创业前期，他们以家为厂，厂就是家，省去了建设厂房的资金。在生产中，他们的经营成本极低，很多工厂靠的是家庭和家族成员，一个家庭一个厂，哥哥或父亲是老板，弟弟或儿子以及其他成员做下属，从“老板”到“下属”都是一样地干活。这种家庭生产的模式能够调动每一个家庭成员的积极性，他们不会磨洋工，有多大力就出多大力，再辛苦也会选择坚持下去。而且潮汕人都是从小生意一点一滴做起的，知道一切来之不易。他们吃穿用度都非常节省，把闲散资金尽量都用到工厂的扩大再生产上。正是潮商这种“从小处着手，务实苦干”的经营意识，使得这些多如牛毛的小商品遍及全国，并在产品的价格上更具竞争力。

当然，我们也清楚，要打市场、拓销路，单靠价格闯关是不行的，产品质量、企业信誉、售后服务、宣传力度、营销方式等因素都很重要。但是不可否认的是，同样的产品，谁卖的便宜，谁就容易卖得更多。但并不是所有人都适合打价格战，因此在降价前要思考清楚各方面的优劣势，不要总使用低价位向市场上的竞争对手挑衅。能不能降价，降多少才能不影响企业的发展，是一个很重要的问题，如果对此考虑不周、准备不足，就会适得其反。

2. 好质量：生意场上的第一道生命线

生意场上一起竞争的都是聪明人，在聪明与聪明之间，最终决定胜负的是你产品的品质，以及服务品质。

——李松坚

朴素的道理：只有消费者认可你，你才能生存、发展，否则就是一句空话。而让消费者认可你，品质是第一位的。

提高经济效益的巨大潜力隐藏在产品的质量中。成功的商人都把质量放在第一位。潮商认为，产品质量是品牌最有力的保证，而好的品牌能为企业获得竞争的主动权。著名的品牌之所以具有号召力，就在于它们代表了良好的产品品质和优质的服务。因此，把控产品质量是增强企业竞争力的基础，是公司赖以生存的根本。

货真价实，这简简单单的几个字，实际上道出了经商的真谛。潮商重视产品和服务质量，这让他们具有很强的竞争力，在竞争激烈的市场中站稳了脚跟。

与大多数潮汕人家一样，黄琨兄弟姐妹众多。17 岁时，黄琨决定独自出去闯荡江湖。与很多怀着远大梦想的年轻人一样，满脸稚气与迷惘的黄琨站在了当时尚不繁华的深圳街头。

身上只有两百多块本钱的黄琨很快找到了自己的赚钱方式。他从广州贩回雨伞、柠檬等小商品到深圳卖。迅速发展的深圳日常用品的需求大增，仅仅靠贩卖一些小商品，黄琨每天可以净赚三四十块。但这种地摊买卖在当时是不被允许的，加之没有边境证，黄琨经常被工商、公安抓住，但被放出来后，又照做不误。黄琨的生意越做越大，慢慢有了自己的店铺和销售途径。就这样，黄琨依靠贸易积攒了人生的第一笔财富。

与很多从贸易起家、靠实业发家的潮汕人一样，黄琨想靠着自己攒下来的钱做点实业。

恰好此时，位于陆丰金厢镇的一个国有鲍鱼养殖厂因严重亏损正在找买家。没人敢接下鲍鱼厂，因为那是全广东效益最差、质量最差的鲍鱼养殖厂。黄琨详细考察后，果断出资 1300 万买了下来。很多亲戚朋友都觉得精明的黄琨这次做了一个错误的决定，都不愿意投资给他。

黄琨认为，国有鲍鱼场倒闭最重要的原因就是其生产的鲍鱼质量低，很难满足市场的需求。而现在人们的生活水平日益提高，对鲍鱼这类高档水产品的需求量也会增大，只要将鲍鱼的质量提上去，就会有不错的收益。为此，黄琨专门请了中山大学和青岛海洋大学的博士生导师做顾问，并与中山大学合作建立了鲍鱼养殖研究中心。

鲍鱼对养殖池里的海水品质要求极高。为了能抽到优质的海水，必须在深海安置抽水设备。为此，黄琨在那一段时间每天都到海边观察海岸泥沙随着潮水涨落的规律，并请教经验丰富的老渔民，最终确定了最佳施工时间和地点。

鲍鱼厂距离黄琨居住地不足 15 公里，收购后，连续两年黄琨每天早出晚归，车子累计行驶 6 万多公里。虽然黄琨如此用心，几乎把所有时间全泡在了鲍鱼厂，但养殖还是出了问题，损失惨重。很多他的朋友都劝黄琨尽快收手，能保住一点是一点。可性格倔强的黄琨又找到鲍鱼养殖专家，详细地攀谈后，他明白问题在于他自己不懂技术，外行难以管理内行。他下定决心学习鲍鱼养殖技术，几个月内走遍了福建所有的鲍鱼养殖厂，回来后结合自己厂子的养殖实践，逐步掌握了全套鲍鱼养殖技术。

黄琨一次在给家里的金鱼换过水后，发现它们比没换水前活跃了很多。他猛然想到，如果能经常给鲍鱼换水，给养殖池消毒，鲍鱼的质量肯定会好很多。事实果然如此，虽然费用增加了不少，但鲍鱼的品质得到了很大的提升。

后来，黄琨又总结出了“倒池”、“饥饿疗法”等养殖技术。他出产的鲍鱼外观色泽好看、品质优良、幼苗活性很好，他本人成为行业的领军人物。

黄琨的成功经验告诉我们，产品质量是企业生存发展的关键所在。当然，产品质量的提升在很多情况下伴随着生产成本的提高，如何能以最小的代价把产品的质量提上去，是每一位企业家需要思考的问题。优质产品的产生，需要商人把质量第一的观念带入到生产的每一个小环节中，处处严格要求自己，那么产品出现瑕疵的概率自然就会降低。

3. 把机会留给有准备的人

机会只有在经过艰苦的劳动之后才会到来。只有那些能够经受得住日常的辛劳、并且依然能够保持生机和机警的人，最终才能赢得机会。

——亨利·福特

商机总是垂青那些善于动脑、敏于行动的人。商机从来不是别人给的，而要靠自己去创造和争取。

潮商做生意坚持这样一个原则，那就是“不打无准备之仗”。在行动前，他们会分析清楚生意成功的各个要素，并积极朝这些方向努力，一旦时机成熟，他们就可以大展拳脚，把计划变为现实，让腰包鼓起来。

处处留心市场，赚钱商机就在你身边。商机并不偏爱别人，只要用心去看，用心去听，用心去调查，其就会在不知不觉中来到你的身边。但你如果不提前做好准备，认为有的是时间，当机会来临的时候，你就只能眼巴巴地看着它从眼前溜走而无能为力。

潮汕人邱树江，广东江南陶瓷有限公司总经理，以敢想巧干闻名。由于时刻注意学习，观察社会发展趋势，在机遇来临时，他总能成功地抓住。

邱树江年少时就挑起了生活的重担。他明白，要想在以后的生活中出人头地，必须要有一技之长。在经过充分的考察之后，他决定学习本地成熟的陶瓷制作技术。经过几年的拜师学艺和闯荡之后，邱树江信心满满，决定开始自己的创业之旅。

19 岁那年，他开了一家生产陶瓷产品的家庭小作坊，开始了人生的第一次创业。依靠努力勤奋的工作，他的陶瓷生意赢得了不错的口碑。在有了一定的基础之后，邱树江没有停止学习的脚步，他向更好的制陶企业学习，不断积累经验，发展新的技术。后来他开办了规模较大的陶瓷店，把生产和销售结合起来，逐步形成工贸一体化的经营格局。

邱树江说:“在现代商业竞争当中，除了机遇和眼光外，一个人的学习是至关重要的。”他常常告诫自己，要想成就大事必须先学习，必须早做打算，提早行动，才能迎来成功。他的整个创业过程，就是一个不断学习和准备的过程。

做生意很大程度上也是在“求生意”。很多人看到潮商不断增加的财富，会很羡慕，却不知他们在此之前做了多大的准备。世界上没有任何一件事是一蹴而就的，我们不能只看到结果而忽视了前因。而这个“前因”就是幸运和商机总是光顾默默准备的人。

机会不是等来的，有了好的想法，一定要付诸实际行动去实现它。拖拖拉拉、犹豫不决只会错过更多的赚钱机会。如果能力还不能支撑起梦想，那就脚踏实地地去增强自己的能力。

4. 稳扎稳打，走专业化路子

任何一个生意人都要有自己的优势，否则就难以在商场中立足，专注于优势，才会成功。

——刘玉波

所谓“专注”就是集中精力、专心致志。一个专注的人，往往能够把自己的时间、精力和智慧凝聚到一件或两件重要的事情上，从而最大限度地发挥积极性、主动性和创造性，以实现自己的目标。

商人想要在日益激烈的市场竞争中获得胜利，要有正确的方向。潮商认为，高明的商人不会把有限的资源“天女散花”般搞得小而全，而是会集中优势兵力，以一带动全局。集中于自己的优势领域，走专业化路线，这样才更容易做出成绩，创造利润。

商业竞争的一个重要法则是优胜劣汰，谁的产品品质更好，谁就能胜出，而专业是提高产品质量的重要方面。因此说，商业利润来自于专业品质也就有理可据。

成功的途径有很多种，可以投资的行业也是五花八门，当你确定一个目标之后，就要全力以赴，集中精力实现目标。如果朝三暮四，今天想做这，明天想做那，最终会精力过于分散，顾此失彼，这样就难以取得成功了。

腾讯是国内起步较早、长久专注于做通讯的公司之一，在国内同类企业中较早实现赢利。后来，马化腾开始进军网络游戏，这为他积累了大量资金。随后的腾讯急剧扩大，投资范围扩展到各个领域。这样盲目的扩张使投资分散化，对自己不熟悉的行业进行投资，吃亏是避免不了的。

马化腾说："我们过去走了一些弯路，因为有了利润，我们发现太多机会，我们很多领域都进去了，但却不是最成功的。"在尝试了很多的领域后，马化腾认识到，腾讯只有把更多的精力集中在通讯、社交这些优势领域，提升优势产品的质量和服务，才能在日益专业化的市场中保持强劲的竞争力。

马化腾说："最近半年、一年，我们有很大的变化，修身养性，回归本质。"他的管理理念就是两个字"专注"，通过长时间地专注于某一专业领域，逐渐地成为这个领域的专家。

当一个人用毕生的精力去投身他钟爱的事业，并坚定地去努力时，便很容易做出成绩。很多成功的潮商在谈及自己的生意时，都会提到一点：这些经验不是从天上掉下来的，是多年积累的专业能力促成了这一切。

5. 中西结合的新型管理

以外国人的管理方式，加上中国人的管理哲学，以保持员工的干劲及热忱，我相信无往而不利。

——李嘉诚

科学管理，就是用高效率的生产方式来加强劳动力成本控制。注重中西结合的管理方式，并善于把两者的优点结合起来，以达到效益最大化，是潮商的重要经营手段。

西方管理学的优点是：强调制度、规则、指令的执行；重视系统，强调企业的效率和效能；讲求以达到目的为准则。

但另一方面，西方管理学也有不足之处，过于强调制度，会让企业显得冰冷、没有人情味，也很难做到集思广益。西方管理强调目的的达到，但有时为了达到目标，就要不择手段。而中国传统管理艺术恰恰多了温情的一面，这种温和的企业管理模式更能让员工在企业中找到归属感，他们也更愿意为企业奉献出自己的力量。

现在的经济是全球化经济，生意做到一定程度，需要与世界各地的商业伙伴打交道，发展各类业务关系。为此，打造中西合璧的团队，从而稳健地推进业务的进展，就成了很多大公司的当务之急。

李嘉诚作为潮商的代表人物，可谓享誉华人世界。他庞大的商业帝国不仅涉及各种不同的行业，而且分布在世界不同的国家。管理如此庞大的商业帝国，除了依靠自身的商业智慧外，也与他有一支中西合璧的精英团队密不可分。可以说，这支国际化的人才队伍是他做好全球化生意的左膀右臂。李嘉诚感慨地说："假如今日没有这么多人替我办事，我就算有三头六臂，也没有办法应付这么多的事，所以成就事业最关键的是有一批厉害的人能够帮助你，乐意跟你工作，这就是我的成功哲学。"

李嘉诚的团队有一个显著的特色，就是聘用了很多外国人，几乎各个国家的都有。李嘉诚说，聘用外国人是因为集团的利益和工作需要他们。用外国人做"大使"，更有利于开拓国际市场和进行海外投资，因为他们具有文化、血统、沟通方面的天然优势，用外国人管理外国人，这样可以提高管理效率。

这样的一支团队还帮助企业能够得到更多的意见和方案，降低犯错的概率。李嘉诚说："决定大事的时候，我就算百分之百地清楚，我也一样召集一些人，会和他们一起研究。因为始终应该集思广益，排除百密一疏的可能。这样，当我得到他们的意见之后，看错的机会就微乎其微了。这样，当每个人的意见差不多统一的时候，那就绝少有出错的机会了。”

李嘉诚在用人方面打破了东方家族式的传统，建立了一个拥有一流专业水准和超前意识的现代化“内阁”，来帮助他经营庞大的商业王国。有人说：“李嘉诚的内阁，既结合了老、中、青的优点，又兼备中西方色彩，是一个成效极佳的合作模式。”李嘉诚模式已经成为众多国际商人模仿的对象。

新一代的潮商在继续沿袭以家族为中心的企业管理制度的同时，吸收借鉴西方企业先进的管理体制，建立起现代企业运营机制。深受传统文化影响的潮商将中国传统的儒家文化渗透到日常管理之中，强调德治，正所谓“无德必亡，惟德必危”。这种中西结合的企业管理方式，既确保了企业的高效有序，又让企业具有人文关怀。

6.
提升品牌内涵：文化是砝码

从“中国制造”到“中国创造”。观念创新是一切创新的先导和前提，文化积淀是塑造品牌的坚实基础。

——廖创宾

文化凝聚着一个国家、一个民族的精神力量。一个有深厚文化意蕴的产品，更能为人们所接受，更能做到深入人心，所以不可不认真对待。

“设计和工艺可以克隆，文化不可以抄袭。”精明的潮商深知品牌文化的魅力，他们在营造品牌的文化氛围时颇费心思。市场竞争到了今天，文化成为产品的重要内容之一。品牌文化已经成为一个企业能否持久的重要因素，也是企业家执着追求的对象，也正是这种对品牌文化的偏好和热情，使潮商越走越远。

小企业做产品，大企业做文化，文化可以赋予品牌更浓郁的内涵，使品牌更具有人文性，更受消费者喜欢。当一个品牌做到一定程度，就应该考虑用文化来为产品加油助阵。

中国传统文化博大精深，其中不乏动人的传说和神秘的图腾，至于该如何用好这笔财富，潮汕人廖创宾给出了自己的答案。

廖创宾年少时跟随父亲做黄金首饰的批发零售。在父亲的悉心教导下，廖创宾对珠宝行业有了全面的认识。后来，他创建潮宏基珠宝。潮指的是企业位于潮汕地区，宏、基是父辈名号中用的字。

多年的经商经验让廖创宾认识到，想要在被西方文化统治的珠宝界闯出一番天地，必须要有自己独特的品牌文化。品牌不仅仅是一个简单的商标和称谓，也是一种特色和个性的外在表现，更是消费者对品牌核心价值的认知积累。为了提升潮宏基独特的品牌内涵，廖创宾把目光瞄准了中国传统文化。

廖创宾把中国古老的文字、旗袍、龙凤、古币等元素融入到珠宝的设计中去，设计出中国风浓郁的饰品。在坚持原创的同时，他也不盲目排外，用开阔的思维和灵活的技巧，结合中国文化的精髓，给珠宝行业增添了不一样的中国风。

不久，廖创宾收到了瑞士巴塞尔钟表珠宝博览会专场展的邀请。他明白，这是潮宏基长期坚持东方元素的回报。自 2000 年以来，潮宏基凭借着“紫气东来 · 鼓韵”、“紫气东来 · 凤影”等带着浓郁东方文化元素的珠宝系列在珠宝界崭露头角。

廖创宾把在巴塞尔珠宝展的专场主题定为：紫气东来。在廖创宾的认真准备下，一场带着浓郁东方神韵的原创珠宝秀，让西方时尚界为之倾倒。喜欢中国文化的人无不称赞廖创宾的成就，这场视觉盛宴让更多的人喜欢上了中国文化。廖创宾的潮宏基因此名声大震。

廖创宾说："潮宏基珠宝在不断提高自主创新能力的同时，根植于中国传统文化，庞大的国际市场一定会激发出我们强大的生存与发展能力。就目前而言，国际、港台品牌有我们不可复制的品牌优势，但是可以相信，也有理由相信，在设计理念、设计水平、工艺制造上，我们更具有自己的特色和国际超前思维，赶超国际水平只是时间问题。"

廖创宾坚持以"弘扬东方饰品文化"为企业使命。而这种追求也提高了珠宝品牌的魅力价值，让他走出了一条属于自己的生存发展之道。

在不同企业产品质量、性能、销售服务差异日渐减小的情况下，品牌已经成为消费者选择产品的重要依据。廖创宾将中国文化融入到产品当中，让潮宏基珠宝形为不可替代的品牌形象，赢得了国内外市场的一致好评。

文化对于品牌的影响是潜移默化的，它让品牌拥有更持久的生命力。有长远眼光的商人更加懂得利用文化的力量来提升产品的价值。

能够将"生意做成文化"，不仅仅是潮商的追求，也是世界上许许多多著名企业家的追求。对于一个品牌来说，文化就是它的底蕴，就是它积蓄的力量。

7. 和外国人同台竞技：东方不亮西方亮

在经济全球化的背景下，学会用全球资源做生意，是一个商人的必修课。

——陈克光

潮商的足迹遍布四海，他们把生意也做到了全球。他们视野开阔，善于捕捉商机，奉行商者无域的经营理念，最擅长的是在全球范围内调动资源，整合力量，并获得不俗的成绩。

当潮商把生意做到全球各地时，他们已经实践了另一个投资准则：投资项目全球化。即做到“东方不亮西方亮”，能从各个地区市场中分享利润增长，也很好地分散了企业面临的风险。

香港眼镜大王马宝基说:“全球化背景下，要学会用全球性眼光做生意。”商人在把生意做大后，就开始瞄准全球布局。在运输的费用越来越低的今天，把全球当做一个整体的市场来进行投资早已不是什么新鲜事。潮商把整个世界市场当做一张地图，在世界各地寻找自己的财富来源。

在全球进行正确的投资有很多好处，世界各地的经济周期、市场发展情况、行业竞争程度有很大的差异，投资项目全球化可以确保整体回报，降低投资风险。这就相当于“把鸡蛋放在不同篮子里”，当某个地方出现亏损时，可以通过其他地区的盈利来填补。

今天，利用全球资源做生意，已经不是一种先见之明，而是形势所迫。从这个角度出发说潮汕人是创造者，也是开拓者，一点也不为过，因为他们不仅善于开拓，更善于顺应趋势，采取行动。在今天，潮商已经逐渐成为世界商人，他们在世界这个舞台上大显身手，获得巨大的成功。

中国大量的日用百货进入欧洲市场，很多靠的是法国潮商陈氏兄弟的商场、郑辉的巴黎超市；潮商周光明将中国的茅台酒推入澳大利亚市场；张裕葡萄酒能在泰国销售，是由潮商经营的泰中酒业代理销售的。

而戴德丰的四洲集团将异国他乡的风味食品带到中国，他的食品来自日本、美国、英国、加拿大、澳大利亚、韩国、泰国、南非、意大利、荷兰等 20 多个国家和地区。

潮商张锦程少年时家境贫寒，没读过几年书就开始经商赚钱。起初，他在家乡帮助母亲一起经营米店，积累了资金和经商经验，便与妻子在泰国北柳府建立了粮食生产加工基地，并创办了顺和成出口米行。经过多年的不断开拓，张锦程的生意日益扩大。随后他的生意打进新加坡、马来西亚和香港等市场，其中大米每年出口100万吨，木薯200万吨，出口量皆居泰国首位。

潮商冲破国界打天下，不管在哪里，他们都能很好地利用当地的资源，体现着“生意无禁区”的经营理念。当然，这不仅体现在交易的内容上，还体现在交易的对象上。潮商绝不受民族、风俗、政治环境因素的影响，只要有钱赚，他们都愿意和对方做生意。

潮商最初被迫离开祖国，漂泊到世界各地，一开始并没有任何的关系，仅仅依靠自己的勤劳努力在当地社会渐渐扎下根来。在与外国人同台竞技的时候，潮商和外国人并不是敌对的关系，更多的时候是生意上的合作人、生活中的挚友。这样的关系，让潮商更容易在世界各地落地生根，用全球化的资源做生意。

8.
多元化投资：一只脚踩几条船

做生意没有规定，成功的商人要善于多元化投资，它能带来多个利润增长点，同时还能有效分解风险。

——刘绍喜

单一经营的好处是可以集中资源，把事业做大做强；但是，它也有很明显的弊端，比如当这一行业不景气时，企业就会遭受巨大的损失，甚至面临破产的危险，抗风险能力极低。所以，在金融全球化的今天，投资多元化是降低风险的有效途径，是投资人追求从保值到增值的较佳投资方法之一。

多元投资可降低风险，却不一定会降低整体的利益。因此，多元投资经常被称为投资学中的“免费午餐”。

李嘉诚做生意一向奉行“商者无域”的理念，表现在投资中便是多元化的投资哲学。他说：“做生意不应该给自己设限，在能力所及的范围内，只要赚钱就可以进入。抓住每个行业盈利的最佳时机，大胆投资，生意才能像滚雪球一样，越滚越大。”

多元化投资是李嘉诚经营管理上的一大特色，这让他的商业帝国不断地稳健发展。在面对经济危机的时候，李嘉诚盈利良好的基础项目，例如物业、基建、能源等，足以支持集团面对外界环境的变化及冲击。而在经济发展良好的时候，李嘉诚在日用品、高科技上面的投资又能为他带来高额的回报。

不仅是李嘉诚这样的潮商代表，任何企业在发展到一定程度之后，都要进行多元化的投资。企业的多元化发展，就像给企业上了一道保险，当一个行业遇到困境之后，别的行业的盈利可以弥补另外一些行业的亏损。但是在进行多元化时，也要注意不能盲目的扩大。这样只会把企业有限的资金浪费在不重要的投资上，一些低效的投资只会拖垮企业，有百害而无一利。

在实行多元化投资的同时需要注意以下三点：一要对所扩展业务的竞争能力了如指掌；二要平衡不同业务之间的利益，做到妥协中互利互惠；三要保证不同业务之间有关联，围绕一个核心产业进行扩张，形成产业链的竞争优势。

很多企业因盲目多元化而走向衰落，如何找到适合企业的多元化发展路径成为困扰很多企业的难题。从潮商成功的经营来看，在企业的发展初期，与其将企业的资金投资在一些低价值的产业中，不如集中资源，专注于老本行，把自己擅长的事情做得更好。

9.
找客源：腿脚勤快，说话甜

做生意不能等着顾客上门，一定要手脚勤快，主动出击。

——马宝基

任何人创业，刚开始的日子都不好过，因为刚开始是投入、付出的时候，回报很少。那么，该如何快速地打开局面呢？潮商的经验是，做生意不能等着顾客上门，一定要手脚勤快，主动出击。

《汉书·食货志》说：“商贾大者积贮倍息，小者坐列贩卖，操其奇赢，日游都市。”意思是说：“要想得到不寻常的利润，就要每天到市场中去调查。”因此，做生意体现在一个“勤”字上，千万不能整天躲在家里贪图安逸、异想天开。成功的商人都是起早贪黑，随时掌握、了解市场的动态，然后及时出动，才能快速地掌控局面。

有很多年轻人在刚创业时，总会为如何经营而苦恼。但是在笔者看来，你只要思考一个问题就行了：怎么把好的产品卖出去？因为一个好的商人首先是一个好的推销员。

善于推销，快速地把产品卖出去，尽快回笼资金，这就是本事。很多成功的潮汕商人在成功之前都做过推销员，这段经历让他们了解到顾客最为关心的问题，也磨砺了他们吃苦耐劳的精神，让他们明白，不主动找客源就没有生意可做，不勤奋就没有饭吃。

要想做好推销工作，离不开“勤勉”两个字。推销技巧固然重要，但没有数量是肯定不行的。哪怕一百个人里只有一个人愿意买你的商品，那么你向一千个人推销，就会有十件商品被卖出去。

当年，李嘉诚为了维持生计，被迫辍学，到舅父的中南钟表店做了一名学徒。因为反应机敏，销售业绩好，年仅 15 岁的李嘉诚就做了分店店长。17 岁时，他辞去钟表店的工作，在一家玩具制造公司当推销员。

刚开始做推销工作的时候，没有工作经验的李嘉诚屡屡碰壁，业绩也在公司处于中下水平。为了比别人更出色，他严格要求自己，“以勤补拙”。他说：“别人做 8 小时，我就做 16 小时。”为了推销更多的产品，他每天背着一只装着商品的大包，翻山越岭，挨家挨户介绍。勤奋努力的李嘉诚在销售中总结出自己的一套理论，并积攒了不少的客户。努力没有白费，他的推销大获成功，每次都能“满载而出，空手而归”。

李嘉诚得出这样一条结论：“做好一名推销员，一要勤勉，二要动脑。”李嘉诚从推销员成为华人首富，缔造了自己的商业帝国。显然，早年的推销经历锻炼了他善于公关，向顾客、股东推销自己产品和服务的能力。

做生意的目的是完成交易。完成交易，就需要有买家，而想让顾客了解你的商品并购买，就需要商人勤奋地主动找客源。有好的产品不去宣传，不去找顾客，就不会有人知道。为此，称职的商人必须腿勤脚快，善于收集商业信息，有敏锐的商业感觉，眼观六路，耳听八方，为产品找到买家。

很多商人经常把“顾客就是上帝”这句话挂在嘴边，但却很少落实在行动上。潮商不仅把这句话放在嘴边，更践行在生意的各个环节中，他们会时时刻刻想着顾客的利益，而不仅仅是想着如何从顾客的口袋里掏出钱来。

无论是开店铺还是生产产品，潮商都会积极主动地征询顾客的意见，然后改进自己的产品和服务。这让他们的产品和服务水平在不断提高的同时，赢得了顾客的信任，为企业树立了良好的口碑和形象。

很多潮商为了得到意见甚至会亲自登门拜见顾客，然后根据顾客的建议，对自己的产品做出改进，使得公司产品的市场占有率总是保持在高增长的状态，自己的店铺总能赢得比别人更多的利润。

做生意要有为顾客负责的态度。罗伯特·约翰逊在1886年创建强生公司的时候，给公司制定的目标是，“减轻痛苦和疾病”，而不是赚取更大的利润。潮商在做生意的时候，也习惯给自己设定一个核心价值观，首先把顾客的利益放在第一位。他们认为，对顾客负责，对方认同你，自然会购买你的商品，愿意和你做生意，至于利润，那自然会水到渠成。

第八章

潮汕人有和你不一样的个性

1.
潮汕人的野心：商者无域

做生意当然有所顾忌，但是在选择行业、分析市场的时候，首先要有开放的心胸和视野。

——李嘉诚

“天下熙熙，皆为利来，天下攘攘，皆为利往。”对潮商而言，任何生意只有赚钱与否、赚多少的问题，没有地区、领域的局限，也没有行业贵贱之别，在他们看来：万物皆可商。

潮汕人对金钱有一种天然的洒脱，在他们看来，只要不违背法律，不是不义之财，就应该大胆地赚钱。所以，不论是在街边不起眼的零售店还是令人瞠目的资本对战中，都能看到潮汕人的影子。

在深圳的街头，潮汕人开的店有非常鲜明的特征。他们的店名一律是中国传统的“诚、昌、达、高”等吉祥字的组合，并没有特别的新意。另一个鲜明的特征是店门口一定是功夫茶的摆设，再加上穿着拖鞋守店的老板操一口难懂的潮汕话，这些特征构成了许多潮汕店的外在形象特征。

就是这些形象不佳的潮汕店，却控制着深圳大部分的零售渠道。潮汕人开的商店不仅占领了普通的日用品零售行业，甚至深圳主要的批发专业市场，如深圳通信市场、电脑市场及深圳小店的主要进货地湖贝路批发市场等，大都是潮汕人在经营把持。

在深圳，一些形象正规的连锁店却竞争不过这些形象不佳的“散兵游勇”。虽然他们心里往往看不上这些“潮汕店”，甚至看低这些没有多少文化的潮汕店主，但又不得不承认这些潮汕人赚钱的本领比他们高多了。

为什么潮汕人的店更受欢迎呢？很大程度上在于他们“商者无域”的经营智慧，他们开店的范围广，弥补了很多大商店的不足和空白。他们开店非常灵活，往往能够跟随市场的行情随时调整自己的战略。比如说，当一个新楼盘盖起来后，潮汕人会联合起来在一条新街上开一系列店，如装饰材料店、五金店、窗帘店等，针对新房家庭需要，店面服务与产品互相补充，互相带来人气。一两年后，潮汕系们就改头换面，纷纷变为餐厅、药店、发廊等，又满足社区人们日常生活的需要。

另外，潮汕人把所开的店作为一个“生意信息中心”，他们坐在店里一起喝功夫茶，谈论的往往是谁有一个发财的机会，哪里又有一个赚钱的买卖等，并不局限于现在店面的生意。所以，潮汕人往往是在一个小铺的时候了解市场信息，在有了一定的资金之后，利用信息做成一个“大买卖”来完成原始积累。

很多潮汕人起初开的只是一家小店，但他们的“野心”却不会被局限在店内。这个店铺更像是一个堡垒，潮汕人在这段时间积累资金、人脉和商业信息，等到时机成熟，他们会果断地出击把生意做大。

不论是开一间小店还是做大买卖，潮汕人始终坚持“什么赚钱就做什么”的经商理念，也就是我们所说的“商者无域”。这种灵活自如的经营方式，使得潮商在不断变化的市场中始终能够保持强有力的竞争活力，跟随市场的形势不断地调整、变化自己的经营战略和经营范围，从而在零售行业占有一席之地。

审时度势、以变制胜是经营管理的一条普遍原则。无论是企业内部环境还是外部市场，每时每刻都在发生变化。经营者想要在多变的市场中立于不败之地，就要不断变换招数。潮商把“商者无域”的精髓转化成经商的技巧，直接反映在他们“变”的果断和到位上。

2. 野生的潮汕人：穷且益坚

一个人只有依靠自己，具备相当的实力，才能掌握自己的命运，做自己喜欢的事情。

——李嘉诚

潮商是华人世界中最富有的群体之一，但是在成功之前，他们也是最贫困的群体之一。早年间，很多人为了躲避战乱，从中原迁到潮汕。但潮汕地区自然环境恶劣，稀少的土地难以养活众多的人，所以潮汕人被迫开始艰苦的经商之路。在很大程度上，经济上的贫困是潮汕人从商的重要原因之一。

贫困，让他们更加渴望财富；一无所有，让他们更加无所顾虑地放手一搏。也正是因为这样，他们从一开始就把希望寄托在自己身上。他们认识到，只有靠自己一步一个脚印地做，才能有未来。潮商几乎都是从小老板做起的，一步步慢慢积累，把生意做大，在自立中获得财富，也实现了自己的价值。

潮汕人选择创业，最初的动力来自于生存压力，他们渴望改变自己的命运，掌握未来的生活，所以义无反顾地投身商海。当一个人一无所有却面临巨大的生活压力时，他可以把这种压力转化为动力，创造出惊人的成就。正如台湾首富郭台铭所说："人在困苦的时候，头脑会特别清醒。"

大多数人的生活目标是为了生活得更好，包括对财富、社会地位和"实现自我"的渴求。但很多人在生活压力面前缴械投降，放弃了曾经的激情。人最大的敌人是自己，只要自己不放弃，就没有人可以逼迫你妥协。潮商在面临困境的时候，都会坚持自己的理想，都会对财富抱有一份渴望，从而将"一无所有"的困境转化为行动力，努力改变现状。

历史上，为了抵御倭寇的侵扰，朝廷经常实行严厉的海禁政策，甚至内迁沿海居民。但潮汕人并不愿意接受朝廷繁重的苛税和连年的征战，他们为了生存，用各种方法抵制海禁，甚至组织一定规模的武装海商集团，与政府兵戎相见。当然，更多的潮汕人会选择远走他乡，涉险求利。

祖籍广东澄海市的朱岳秋是潮商典型的代表。1931年，朱岳秋只身前往泰国谋生，到达之后，举目无亲的他四处奔波，当过多种劳工，从最初的苦力做起，但他在这段时间内不忘学习，随时收集商业信息。在有了一定的基础之后，朱岳秋开始自己创业，凭借着吃苦耐劳的精神，在商场打拼多年之后，终于在曼谷创办了集纶纤维有限公司。经过多年的苦心经营，他的企业拥有针织厂、染厂、纱厂等，产品畅销东南亚和欧美地区，朱岳秋也成为著名的华人企业家。

潮汕人杰出的商业才华并非天生，事实上，大多是被生活压力逼出来的。为了生计，他们不得不到外面的世界找活路，再大的困难也要克服，再大的挑战也要面对。这样的困境反而磨砺了他们的意志，让他们发现并创造了无数的商机，积累了宝贵的商业经验，最终走向成功。

在经商过程中遇到挫折和打击，不应该怨天尤人，更不能选择退缩。压力和困难，其实是一种磨砺。在克服困难的过程中，你的商业思维、心智以及对商业世界的把握，都会有一个全新的改观，而这是实现自我完善、走向成功的必经之路。

3. 潮汕人的“野蛮”：抱团+诚信

公平处事，则大小咸宜；忠信相孚，则物我各得。

——苏州潮汕会馆碑记

潮汕人信奉“天地朴忠厚”的观念，做人、做事、经商都讲究要老老实实，讲究诚信。潮商喜欢赚钱，但是违法的生意不做，伤天害理的生意不做，破坏信誉的事情不做。

经济学家钟朋荣曾经讲过这样一个故事来描述潮商的经商策略：在森林里，三只饥饿的小狼狗看见一匹大斑马，它们任何一个对于斑马而言都显得太渺小了，在商量之后，它们一起扑了上去。

第一只小狼狗一上去就咬住了斑马的鼻子，无论斑马怎么撞它，它都死死地咬住，一点也不松口。第二只小狼狗咬住了斑马的尾巴，无论斑马怎么踢它，它都不松口。这样，一只庞大的斑马前后受到攻击，已经丧失了自卫的能力。

这时，第三只狼狗上去狠狠地咬住斑马的喉咙，精疲力尽的斑马无力抵抗第三只小狼狗的攻击，只得任凭它撕咬。不一会儿，斑马倒下了。三只小狼狗凭借团体的力量战胜了大斑马，开始享受它们的美食。

潮商的经济就属于典型的“小狗经济”，分工明确，合作紧密，形成了强大的生产力。

甚至有人说：只要找到一个潮汕人，就能认识其他的潮汕人。潮商在哪儿都能找到自己的老乡、亲戚、朋友帮忙，这一点和犹太人很相似。犹太人之所以很团结，是因为他们长期受到其他种族的排斥，只能求助于自己人。潮商之所以很重视自己人的社会关系网络，也有这个原因，他们深刻认识到自己没有技术力量和资本，也没有其他特长，只能从自己的社会关系中去寻找突破和发展。

但是，这并不意味着潮商是封闭和排外的。恰恰相反，潮商相比其他区域的商帮来说，显得更加开放。这种开放来自于经商范围的广泛性和他们从事的经济活动的不确定性，也就是说，他们不把自己的事业局限在一地一事上。

随着时代的进步和社会的发展，潮商的群体意识已经不再局限于家族同乡的范畴，而是日益渗入近代的经济因素，这种经济利害关系与血缘乡情等融合在一起，产生了强大的凝聚力，其核心是强调团体和联合的力量，以便在险恶的经济环境下求得生存和发展。

潮汕人在长期的经商活动中逐渐形成了诚实、守信的传统。潮商认为，人无信不立。而“人言”为“信”，一个人嘴上说出的话一定要真实，嘴上答应的事也一定要实现，这叫做信守诺言。

注重“诚信”更多来自于现实的经商需要。在传统的商业活动中，商人缺乏必要的法律保护，经商过程中很容易发生欺诈行为，因此买卖双方、合伙经营双方就要依靠道德力量，依靠诚信来维持合作关系。

明朝中后期，潮汕人依靠海贩贸易起家。但是海贩生意规模大、距离远、风险大，于是潮汕人采取借贷经营或者合伙经营的方式。在这种经营方式中，商业信用就显得尤为重要，没有信用，贸易也就无法进行下去。在一代代的传承下，“信用”的道德价值观不断得到强化，并成为潮汕商人的内在品质。

此外，海贩活动中的潮汕商人远离故土，经常要面对各种自然灾害、商业风险，这就迫切要求在海外的潮商互相支持和帮助，同时也对“信义”提出了更高的要求。

潮汕人“野蛮”，是因为他们时刻坚守着“抱团、诚信”的传统原则，这让他们在海外的竞争中处于有利的地位，有了诚信的名声，别人也更愿意与他们合作，生意自然就顺风顺水起来。

国际汉学家饶宗颐认为，在潮商的圈子里，“信义”作为一种道德观念，已经深深扎根在每个潮商的心里，你守信，我守信，大家都不搞欺诈，俨然成了一种价值认同。

发达的信用体系使潮商成为商场上一个独特的群落，他们能够“合作取义”，帮助遇到困难的同乡人。当出现金融危机时，他们也能够把影响降到最低。因为有“信”，所以他们的交易成本也就大大降低，取得比别人更多的利润。

市场经济在一定程度上也是信用经济。在交易中，恪守信用，是商人最起码的要求，也是基本的商业游戏规则。潮商在乎信用，并竭力维护商业规则，使自己成为商场上值得信赖、值得合作的对象。潮商以自己的商业实践告诉人们：信用短缺，无形中增大了经济运行的摩擦力；不守信用，破坏游戏原则，必然遭到惩罚。

4. 潮汕人的野性："菜贩子"横扫资本市场

潮汕人性格低调、实干，往往是一步一个脚印，从一丝一线的小贩生意慢慢做成某行业数一数二的企业。

——张善德

财富是靠着一点一滴积累起来的，特别是在资金缺乏的创业阶段。潮商深谙"积小为大"的道理，靠着勤俭节约，点滴积累，白手起家，一步步实现自己的创业梦想。

很多潮商都是从"菜贩子"起步，慢慢地"积微成多"，最终实现自己的梦想。创业阶段一定会遇到各种困难，这就需要商人有"菜贩子"吃苦耐劳的精神。创业成功之后，要用"菜贩子"的平和心态去管理一个企业。

而随着企业发展到一定阶段后，可能需要通过兼并一些有发展前景的公司，盘活已有产业的资金，并且节省时间实现规模扩张，实现企业多元化的目标。

兼并和收购可以说是打破企业发展瓶颈的圣经，而潮汕商人运用起来，可谓更加灵活自如。

现代的商业竞争不仅需要强大的实力作为后盾，还需要高瞻远瞩的眼光，提前安排棋子，做到未雨绸缪。

长期征战商场使潮商懂得，想要依靠传统的经营模式，通过日积月累把生意做大是非常困难的。而对那些擅长资本运作的潮商来说，他们一旦具备了强大的实力，而眼前又出现了适合的收购机会，他们就会果断地通过并购把市场上的优质资源拿过来为我所用，最终实现扩大企业、盘活资金的目的。

所有的商人都渴望把生意做大，而通过收购整合资源就是其中的一条捷径。但是，如果不考虑自身实力盲目收购、扩张，结果可能在前进的路上轰然倒下。所以，在收购和兼并前，必须要对自己的企业和所收购的企业有充分的了解，权衡利弊，扬长避短，这是每一个优秀商人应该做到的。

当然，资本运作说到底就是一种以小变大、以无生有的经营手段。资本运作只是企业经营的一部分，不能把它当做救世主，更不能神话它。如果过度迷信资本运作，不重视产业经营，把生意做大却没有利润，这反而会成为企业成长的负担。

不论是一点一滴的积累还是运用资本的力量迅速扩大

企业的规模，潮商已经从“菜贩子”迅速成长为不可忽视的商界大亨。什么时候耐心积累，什么时候适当进行资本运作，这需要商人用过人的头脑来判断，并结合自身和外界情况选择最佳的时机。潮商从最初的小生意开始，一步步地积累力量，到现在已经能够在资本市场刮起一场“潮汕风”，不能不让我们敬佩潮汕人的经商头脑。

5. 宁可睡地板，也要做老板

“工字不出头”，一个人不能总是给别人打工，必须做自己的事情才能有出路。

——马宝基

在潮汕有个不成文的规矩：潮汕人打工一般都不希望超过 30 岁，怕被别人看不起。他们认为在 30 岁之前打工，可以获得行业经验，积累资金和人脉，但在 30 岁之后就应该千方百计去创业，去当老板。

他们认为，尽管创业的风险比打工要高很多，但收益也会翻几番。因此，潮汕人心里都有自立的心态，即使要先打工，他们也树立了当老板的理想。

很多人想创业，但又不敢行动，因为害怕冒险。的确，创业要面对财务的风险、机会成本的风险，还要付出青春的资本。但是在潮汕人的眼里，不创业，不当老板，这本身就是一种风险。青春的资本在我们的畏手畏脚中一点一点地被消耗掉，这是一种极大的浪费。在潮汕有一种说法是，食蟧试身份（“蟧”，一种梭子蟹，潮汕人喜欢生腌了吃，颇似“茹毛饮血”，不敢吃者，会招人取笑），这在一方面也说明了潮汕人敢于创业、敢于冒险的传统。

一心想要通过打工来改变自己命运的潮商，在经商时特别能吃苦，也愿意付出比别人更多的努力。他们通过打工积攒起财富，等到时机成熟时，就开始自己创业，寻求自我的发展。

原籍广东潮阳的香港“牛仔裤大王”马介璋，年少时随父母来到香港。当时，父亲与别人合作经营米店，收入仅够维持家人生计。

中学毕业后，马介璋放弃了继续读书的机会，跟着母亲到毛衣厂为毛衣“抓毛”，即将毛衣的毛抓起，使毛衣更加保暖。第一天上班，马介璋在一旁请教母亲“抓毛”的技巧，结果被老板撞上，以“贪玩”为由被炒了鱿鱼。

马介璋无法接受上班第一天就被辞掉的事实，这对年轻气盛的他打击太大了。马介璋发誓要出人头地，当时他安慰母亲说："总有一天我要开一间比他大10倍的工厂。"

接受了第一次失败后的马介璋很快就找到了第二份工作——当牛仔裤裁缝学徒。这次马介璋机敏起来，争取在各个方面都表现优异，每天坚持工作15个小时的他很快成为厂房里的熟练工。

马介璋用两年的时间省吃俭用积攒了1500元，有了资金之后，他立刻开始自己的创业之旅。马介璋把自己的创业项目放在了自己十分了解的牛仔裤加工上。当时，正值香港地区享受英联邦特惠税制，英国进口商在港大量进货，各类订单如雪片般飞来，香港服装加工业面临空前机遇。马介璋敏锐地抓住了这个商机，在黄大仙区租了一个地铺，买了两台缝纫机，为服装厂做包工，活儿多了做不过来，就分发给一些家庭主妇加工。半年下来，马介璋小有收益，便又租了一个摊位。

凭借着辛苦和诚信，马介璋用几年的时间把自己的小作坊发展成一家小型成衣加工厂。马介璋后来改为通过经纪人向贸易洋行接服装订单，并由洋行贷款，他自己购买布料加工。工厂亦迁往新蒲岗区，成立了达成制衣厂。

每年都有数不清的"牛仔裤学徒工"，但却很少有人能从"牛仔裤学徒工"变成大老板，这其中凭借的就是一种"宁可睡地板，也要当老板"的精神。安安分分地当好一名打工者当然日子会比较轻松，但也因此放弃了另外一种更加精彩的人生。潮汕人之所以能够当成老板，很大原因在于他们不甘心只做一名小员工，即使创业的过程会非常艰难，他们也会勇敢地尝试。

潮商能吃苦，敢创业，很大程度上是因为他们有一颗追求卓越的心。即便一无所有，甚至会面对别人的奚落，他们也会执着无畏地努力向前。

有句话说得好：世上无难事，只怕有心人。一旦认准了方向，就拼尽全力，不折不扣地把事情做好，这种执着努力的精神是取得成功的法宝。

6. 自立的潮汕人：白手起家打天下

我们的社会中没有大学文凭，白手起家而终成大业的人不计其数，其中优秀的企业家群体更是引人注目。

——李嘉诚

被创造财富的激情所驱动的潮汕人，在创业过程中表现出更多的坚毅、忍耐、果断和聪慧。一旦选择目标，他们会义无反顾、矢志不渝地去坚持；在具有一定的经济基础之后，用滚雪球的方法扩大生产，用辛劳的汗水奠定自己的基业。潮汕人艰苦奋斗的传统，已经演绎成一种人生观和价值观，深深地刻在后代潮汕人的骨子里。

在潮汕人中，曾涌现出一大批令人瞩目的商业奇才，这些人都是从无到有、从小到大，一步步发展起来的。他们的成长过程就是一部白手起家的创业史，依靠自己的力量发家致富，已经成为众多潮商的追求。

在这样的商业理念下，潮汕人会给自己设定长远的赚钱目标，他们有一个长远的计划，会把眼光放在5年、10年后的市场。在给别人打工的日子里，他们慢慢积累资本，收集市场信息，等到时机成熟就自己单干，体现人生价值。

香港"洋参丸大王"庄永竞年幼丧父，靠母亲维持一家人的生计，使得本就拮据的家庭更加艰难。为了帮助母亲缓解压力，身无分文的庄永竞只身来到香港，为了生存，他不得不到郊外种菜，到纱厂做工，到建筑工地当苦力。

后来，经人介绍，他到一家药店工作。本就对药材感兴趣的庄永竞非常高兴，他认为这是一个难得的学习机会，所以非常珍惜。除了做好药店的分内工作之外，他还主动帮主家做家务、打扫卫生、接送主家的孩子上下学等，勤劳的庄永竞换来了老板的信任。

勤奋好学的庄永竞很快熟悉了不同种类的药材，并学会辨别真伪和优劣。同时，他还利用取货送药的机会结识了许多药材批发商和顾客，通过与这些人交流，他学到了不少的药材知识，并为以后的创业打下了坚实的人脉基础。

后来，庄永竞和一位朋友合作，租了一间小房子，做起了药材生意。从此，他靠这微薄的本钱，一个铜板一个铜板地积累财富。勤奋刻苦的庄永竞起早贪黑，既当老板又当伙计，虽然又苦又累，但凭着他在药店学徒生涯所获得的经验，事业很快发展起来。

做生意要有资本、经验、人脉，但这些资源不是从天上掉下来的。在创业初期面对种种困难时，他们不会去抱怨，而是去学习、去行动。潮商"先打工后创业"的创业理念，对于想创业的青年人很有启发意义。潮商认为，在打工的日子里要做到以下三点：

第一，要随时了解行业最新的发展趋势，成为行业内的人。每个行业都有自己的特色和门道，如果不熟悉，认识不深刻，盲目投资就会面临很大的风险。而打工为创业者提供了低风险就能熟悉一个行业的过程，所以只有利用好这段时间充分掌握行业信息，才能在时机成熟的时候顺势而为，抢占先机。

第二，商业世界是充满竞争的，在快节奏的工作中，只有那些勤勤恳恳、埋头苦干的人才能获得生存的权利。因此，打工时千万不能混日子，而要把它看做能够更好创业的跳板。打工的时候，不能为了打工而打工，要时刻记住自己的理想是为了开拓一番事业，打工是为了自己的事业积累经验。切记，不要让舒适的工作消磨掉你的进取心。

第三，做生意，在一定程度上就是做人脉。工作中的同事、业务中的客户，都有可能成为你事业上的得力助手、生意场上的贵人。所以，尽可能结识那些能帮助到你的人，是打工时很重要的任务。

另外，在打工时要不断为自己充电，增强自己的实力，才能在创业阶段更加从容、果断。打工不仅仅是一个积累原始资金的阶段，更是一个积累创业“心理能量”的阶段，心理的成熟是事业成功的重要保障。

7.
求人不如求己

在一穷二白的基础上发展起来，通常所需要的资金都是靠自己一点一滴积累起来的。能够有今天的成就，真的很不容易。

——陈顺源

生意场上无小事，每一位生意人都需要保持高度的注意力和责任心，始终具有清醒的头脑和敏锐的判断力，这样才能对商场上出现的每一个变化、每一件小事迅速做出判断和决策。潮商在做了老板之后，即便已经事业发达、财源滚滚，他们依旧会对自己的事业保持高度的责任心，对很多事情亲力亲为。

在激烈的市场竞争中，潮汕人有一种“求人不如求己，靠人不如靠己”的理念。他们常说：“自己的事情自己做，干嘛找政府？找市长还不如找市场。”正是这种独立意识让潮商能够真正地掌握自己的命运。

不等、不靠、不要，立足于自身的努力，坚信创业是一种依赖于个人奋斗的行为，这是潮汕人从小坚信的理念。也正是因为不依附于别人，立足于个人创业，潮汕商人才有一种似乎是天生的自由心境、自由意志、自由精神，这种素质正是创业者所必备的。

在潮汕有这样一个自主创业的故事，他是众多潮汕青年奋斗创业的缩影，通过他，我们可以看到潮汕人对于创业的渴望，对于个体自由奋斗的崇拜。

尚虎出生在一个传统的潮汕家庭，和别的家庭一样，尚虎兄妹众多而只能依靠父母微薄的收入勉强支撑家庭开销。为此，小尚虎很早就懂得了要自立自强，要靠自己的双手来养活自己。高考落榜后，他没有采纳父亲去学校复读的建议，而是随在北京当酒店保安的表哥来到北京，想早点赚钱帮助家里减轻一些负担。但是像他这样没文凭、没技术的外来打工者在北京是很难找到一份工作的。

但一心想要创业的尚虎并不想就这样灰溜溜地离开北京，一天，他正在市场找机会，看到一位老人把一盆花扔到了垃圾桶里。“好好的花为什么要扔掉呢？”他走过去问。老人无奈地说：“养久了，花盆中的泥土越来越少，只能扔掉啊。”然而“说者无意，听者有心”。尚虎想，既然城里人养花缺少泥土，那为什么不从郊区弄点泥土来卖呢？于是，他试探着说：“您这花扔了多可惜，我住的地方有泥土，明天我给您送点过来。”老人听了很欣喜，忙说：“那真是太感谢了！”

第二天早上，尚虎真的带了泥土去市场，老人也真的在那里等他。老人看到尚虎带着泥土来，感激万分，连声道谢，并付给了他 15 块钱作为报酬。

就这样，敏锐的尚虎感觉到这是一个巨大的还未被开发的市场。于是，他每天一大早就从自己居住的郊区装上一大袋泥土，到北京大街上或居民小区叫卖。但几天后，他失望了。他经常是奔波了一整天，却找不到一个买主。此外，许多小区的保安见他穿着破烂地在小区里溜达，总不等他把话说完，就将他驱赶出来。

市场是有的，但他的东西就是卖不出去。百思不得其解的尚虎在和一位顾客的聊天中了解到，自己的泥土里没有什么营养成分，时间一长，花又枯萎了，别人当然不愿意买。

之后，他并没有急着去售卖自己的泥土，而是去找各种专业资料学习。他这才知道，原来花盆土是非常讲究的，其中要加一定比例的肥料才能让花更好地生长。知道了这些之后，他特意买了一些包装纸将泥土包装好，注明“高效花盆土”的字样，然后去兜售。这样果然有效，他所卖泥土的价格相对于以前提高了好几倍，而买泥土的人却比以前多了好多。

为了进一步扩大业务和稳定顾客，他租了一间民房作为自己卖泥土的基地，并在泥土的配方上下足了功夫。根据不同花的习性，他先后推出了不同种类的花盆土，销量也因此逐渐攀升，成了有名的花盆土大王。

像尚虎这样白手起家的潮汕人数不胜数，他们创业的起点通常比别人低很多。但是他们相信，只要自己努力就一定能够成功。在没有创业条件的时候，他们或者靠打工积累资金，或者仔细留心市场，做一些别人看不到的小买卖。不论什么时候，他们不等、不靠、不要的精神使得他们比别人更能忍受创业的艰辛，也更能走向成功。

正是凭借着这样一种自立自强、敢于创业的精神，很多像尚虎这样一度在贫穷线挣扎的潮汕人，找到了属于自己的人生道路。

潮商的独立性和自主性是有目共睹的，他们无论走到哪里，无论做什么买卖，都不觉得自己在人格上低别人三分。这也是潮商能够较早进入民营经济和商业服务领域，并率先成功的原因。

8. 永远不要轻易亮出底牌

永远不让对方知道自己的底牌。

——吕高文

在商业竞争当中，聪明的商人不会把自己手里所有的牌都亮出来，因为牌局随时会中止，而对方也会随时出新的牌。不到最后的关键时刻，最好不要轻易亮出手里最有分量的牌。如果过早显露自己的锋芒，就等于把自己的家底亮给别人看，在竞争中会失去主动权。

不炫富也是藏好自己底牌的要素之一，许多潮商有着低调务实的性格，即使在成功之后，也保持着简朴的生活习惯。潮商不露富、不张扬的性格往往让他们在商战中出奇制胜。

俗话说，“人怕出名，猪怕壮”，低调地为人处事更能赢得他人的好感，可以最大限度地减少竞争对手的嫉妒及可能引发的恶性竞争。

做生意的过程不仅仅是钱与商品的交易过程，也是心理与心理交战的过程。做生意有时就像在打牌，过早让人知道你的底牌，就会输掉牌局。

有很多成功的潮商，行事非常低调，待人处事沉稳得体，有锋芒却尽力收敛。潮商喜欢脚踏实地地做事，花哨的事情可免则免，除非花哨和高调具有战略性的用途，否则他们会选择低调行事。

潮汕商人保持低调，既是一种习惯，又是一种保护自己、战胜对手的本能。因为低调，他们不容易被竞争对手揣摩到性格和用意；因为低调，他们早早看准时机，避免过多的竞争，并于无声处听惊雷，一出手便达到目的。

商业世界里从来不缺乏大富大贵的人。有了一点成绩便处处炫富，失去平和的心态，不但会因头脑发热而做出错误的决策，还会招惹是非，带来许多麻烦。

许多潮商保持着传统低调务实的性格，这种低调和谨慎可以让他们在生意场上始终保持冷静和理性，决策更加务实和科学，为他们免去了不必要的麻烦，避免了各种陷阱。

潮汕人在经商过程中大多谦虚谨慎，极具风险意识。他们尽可能地保持低调，不去炫耀财富和地位，都把精力放在如何赚钱上。哪里有机会，潮汕人就会上哪里。哪里有螃蟹，潮汕人就会第一个吃。低调务实，不张扬，看准目标，该出手时就出手，这就是潮汕人的性格品质。

不论是谈判桌前的“不露底”，还是做人处事上的“不露富”，都是潮商在长时间的经商过程中总结出来的经验。不轻易亮出自己的底牌，不仅仅是一种谈判的技巧，更是一种做人的智慧，“低调”的智慧让潮商走得更远、更久。

9. 在商言商，把握自己的底线

人要争口气，不是你给我多少钱，我就服你。我们国家要富强起来，不是一两个人有钱的事，一个人做事业做生意当然有其渠道，但是人格、国格不能丢。

——庄世平

潮商认为，想要做好生意就要先学会做人，而做人最注重的是道德和品格。在经商过程中，商德是决定一个生意人能否成功的重要因素，一个没有商德的商人，很难受到别人的尊重，也很难有人愿意与他合作。

潮商喜欢赚钱，但他们在一些原则问题上不会轻易做出让步。比如，违法的生意不做，伤天害理的生意不做，破坏信誉的生意不做。

潮商做生意看起来挑三拣四，失去了一些机会，但却为他们赢得了更长远的发展。李嘉诚曾说:“我对自己有一个约束，并非所有生意都做。有些生意，给多少钱让我赚，我都不赚；有些生意，已经知道是对人有害的了，就算是社会容许，我也不做。”做生意坦坦荡荡，赚钱赚得心安理得，这是潮商的商德。

做生意首先是要做人，做人就要守住道德的底线，不能因为外界的诱惑就降低或是丢失做人的准则。高标准要求自己，随时准备服从自己的良知，勇于坚持自己的信念，不计较自己利益的得失，这是每一个商人应该努力做到的。

中国自古以来就有重视商业道德的传统，早在《礼记·大学》上就有名言:“生财有道。”然而时下，却有不少商家为了追逐名利，丢弃了商业道德，在经商过程中存在让人诟病的作为，个别人更是利益熏心，干出丧尽天良的事，既严重影响行业形象，又直接损害消费者的切身利益。

近年来，食品问题成为公众关注的热门话题。一些商家为了追求利益，把商德丢在一边，而这些企业也因此失去消费者的信任，甚至走向破产的边缘。

对商家来说，童叟无欺是天理，缺斤短两是人欲。因此，“存天理，灭人欲”，正是生意人品格端正、成良成贤的基本标志。一个道德败坏的人，不管是做人还是做事，都很难有所发展，更谈不上功成名就。

10. 该精明时精明，该守信时守信

在世界任何地方，要想开拓自己的事业，不梳理诚信的观念，不考虑办事效率和程序，都会寸步难行。

——陈克威

生意人都是精明人，但是“精明”有“真精明”和“假精明”的区别。潮商能够成功，靠的是“真精明”。“精明”不等于狡诈奸猾。不能去坑人，这是每个生意人都必须读懂的经商潜台词。潮商精明，却不失诚信精神，这就是“真精明”。

诚信是一个人的立世之本，是商人发家的秘籍。道理

虽然简单，做起来却很难。一些商人因为利益而蒙蔽了双眼，失去了前进的方向，忘了诚信才是商业的根本，这让他们为此付出更大的代价。而那些讲究诚信的、真正的“精明人”才能走得更远。

在商业社会，每时每刻都进行着无数场交易。大到数百亿的贸易，小到几块钱的买卖，生意人卖的就是一个信用。信用是一个经营者在长期经营活动中积累起来的良好声誉，是一种无形资产，虽不能令人直接获利，但对经商行为和经营利润的影响却是巨大的。

在诚信的基础上精明，这样才能做成生意。许多潮商因为“诚信”获得了成功，他们的发家史就是一部诚信史。如果没有诚信，潮商很难在历史的舞台上走这么远。

一个商人老老实实地经营，不短斤少两，不欺瞒顾客，表面上比别人少赚了一点，但是从长远来看，“诚信”为他们赢得了客户的信任，这样别人才会主动找你，生意才能源源不断。

潮汕人李先生做土地推销多年，这一次承担了一项艰难的土地推销工作。因为这块土地紧邻一家木材加工厂，整日的电动锯木声使一般人难以忍受，李先生的数次推销都不成功。

李先生突然想到，有一位家住在工厂旁边的王先生，他们那里也是整天噪声不绝于耳。李先生抱着试一试的态度找到王先生。

在拜访王先生时，李先生开门见山地说："这块土地处于交通便利的地段，比起附近的土地，价格便宜很多。但它紧邻一家锯木厂，噪声比较大。如果您能容忍噪声，那么它的交通地理条件、价格标准，均与您的希望标准非常符合，确实是很适合您购买。"

不久，王先生到现场考察，发现这块土地确实如李先生所说，交通便利，地理位置也很不错。于是，他满意地对李先生说："上次你特意提到噪音的问题，我还以为很严重，结果我实地考察了一下才知道，噪声并不是很严重。我以往住的地方，整天就是重型卡车来来往往，噪声比这里严重多了，但推销员却说不严重。而这里噪声的时间不是很长，而且都是在上班的时间。总之，我很满意。你这个人真老实，要是换了别人，或许会隐瞒这个缺点，只说好听的，你这么坦白，反而使我很放心。"就这样，因为李先生的"老实交代"，原本很难做的生意反而顺利地做成了，他还赢得了顾客的信任。

做生意并不一定要有三寸不烂之舌，变着方法地描述商品的优点。有时候，老老实实地说出商品的缺点，会让顾客更加放心。李嘉诚说，推销商品前要先推销人。老实地说出商品的缺点就是先把人推销给了对方，诚实会让消费者对你所推销的商品更加信任。

该精明时精明，该诚信时诚信，这是潮商做生意的准则。诚信的传统让潮商赢得了更多发展的机会，让他们把握住更大的商机。诚信是赢得好人缘的第一要则，有远见的商人都是老实经营、诚信经商。从长远来看，他们比那些处处“精明”的商人要赚得更多，生意做得更大。